Psychische Gewalt gegen Kinder

Sozialwissenschaftliche Grundlagen und Perspektiven

von

Bernd Sommer

Tectum Verlag
Marburg 2002

Die Deutsche Bibliothek - CIP-Einheitsaufnahme

Sommer, Bernd:
Psychische Gewalt gegen Kinder.
Sozialwissenschaftliche Grundlagen und Perspektiven.
/ von Bernd Sommer
- Marburg : Tectum Verlag, 2002
ISBN 3-8288-8424-5

© Tectum Verlag

Tectum Verlag
Marburg 2002

Für Hanna

Vorwort

Der Themenbereich *Gewalt gegen Kinder/Kindesmißhandlung* mit seinen mannigfaltigen Ausdrucks- und Erscheinungsformen steht seit mehr als 20 Jahren im Brennpunkt öffentlich wie wissenschaftlich geführter Diskussionen.

In der jüngsten Vergangenheit führten aufsehenerregende „Fälle" von Kindesentführungen, Vergewaltigungen und Morden zu verstärkten Bemühungen der Massenmedien, „Öffentlichkeit" herzustellen und dem Wunsch der öffentlichen Meinung nach mehr Hintergrundinformationen zu entsprechen.

Ein Ergebnis dieser verstärkten Bemühungen um öffentliche Berichterstattung besteht darin, daß der Blick des Betrachters auf das Gesamtphänomen *Gewalt gegen Kinder* einengend auf den Täter, auf seine möglichen Beweggründe sowie auf eine auf emotionaler Ebene geführte Diskussion um Strafverfolgung wie auch um Möglichkeiten und Grenzen der „Therapierbarkeit" von Sexualstraftätern focussiert wurde.

Was im Rahmen dieser Entwicklungen gänzlich vernachlässigt wurde, und diese Beobachtung stellt sich bei kritischer Analyse sozialgeschichtlicher und sozialwissenschaftlicher Aspekte der Erforschung von *Gewalt gegen Kinder* und *Kindesmißhandlung* keineswegs als erstaunlich dar, ist der Bereich der *psychischen Gewalt gegen Kinder*.

Obwohl insbesondere in Veröffentlichungen sozialwissenschaftlich ausgerichteter Gewaltforschung immer wieder auf die besondere Bedeutung von Phänomenen *nicht-körperlicher Gewalt gegen Kinder* als solche wie auch hinsichtlich ihrer möglichen Auswirkungen auf den sogenannten „Kreislauf der *Gewalt*", auf die „soziale Vererbung von *Gewalt*", hingewiesen wird, stellt *psychische Gewalt gegen Kinder* nach wie vor einen in der wissenschaftlichen Lehre, Forschung und Literatur weitgehend vernachlässigten Problembereich dar.

Diesen Widerspruch zwischen einem stetig zunehmenden Interesse der (Fach-)Öffentlichkeit an Fragen im Zusammenhang mit *Gewalt gegen Kinder* einerseits und dem nahezu gänzlichen Fehlen von Grundlagenforschung und -literatur andererseits gedanklich nachvollziehen zu können, scheint auf den ersten Blick nicht möglich zu sein.

Auf den zweiten Blick, und dies zeigen beispielsweise das von dem Berliner Hochschullehrer Horst PETRI im Jahre 1989 veröffentlichte Buch zum Thema *Erziehungsgewalt* im wissenschaftlichen Kontext, der von der Publizistin Regina RUSCH im Jahre 1993 veröffentlichten Sammelband zum Thema *Gewalt* auf persönlich-subjektiver Ebene jeweils in eindrucksvoller Weise, sind Fragen, Erlebnisse, Erfahrungen mit *psychischer Gewalt* in Kindheit und Familie, in Erziehung und (außerfamilialer) Sozialisation, in Schule, Ausbildung und Beruf, also in allen Bereichen gesellschaftlicher und sozialer Lebenswirklichkeit allgegenwärtig.

Die Berechtigung dieser These wird u.a. gestützt durch die kritische Betrachtung sozialpolitischer Entwicklungen in der Bundesrepublik Deutschland, wie sie sich beispielsweise an den Bemühungen des Gesetzgebers hinsichtlich der Reform des § 1631 Bürgerliches Gesetzbuch (BGB) ablesen läßt, wonach Kindern „ein Recht auf gewaltfreie Erziehung" zustehe, wobei körperliche Bestrafungen, seelische Verletzungen und andere entwürdigende Maßnahmen als unzulässig angesehen werden.

Hier wird zum erstenmal auf höchster bundespolitischer Ebene der Begriff *psychische Gewalt gegen Kinder* in die Formulierung eines Gesetzes in gleichberechtigter und gleichbedeutender Weise mit *körperlicher Gewalt* aufgenommen und stellt somit das (vorläufige) Ergebnis von Bemühungen dar, die bis zu diesem Zeitpunkt aufgrund uneinheitlicher Begriffsbestimmungen, fachdisziplinär und fachwissenschaftlich begründeter Auseinandersetzungen, aufgrund ideologisch bestimmter Betrachtungsweisen kaum konstruktive Diskurse hervorbringen und inhaltlich verwertbare Ergebnisse vorweisen konnten.

Auch forschungsmethodologisch und -methodisch begründete Argumente, es sei unmöglich, objektive Forschung betreiben und objektivierbare Ergebnisse zum Problembereich der *psychischen Gewalt gegen Kinder* vorlegen zu können, führten zu der jahrzehntelang andauernden Vernachlässigung bzw. Ausblendung dieses bedeutsamen Phänomens sozialer und gesellschaftlicher Wirklichkeit. An diesen Gedankengängen nun setzen die konzeptionellen, methodischen und inhaltlichen Überlegungen für die Ausarbeitung des vorliegenden Einführungsbandes in den Themenbereich *psychische Gewalt gegen Kinder* an.

Um das Phänomen stagnierender Forschungsbemühungen bzw. fehlenden Forschungsengagements gedanklich nachvollziehen zu können, bedarf es zum einen eines der Bedeutung des Problems angemessenen Maßes an Grundlagenwissen hinsichtlich Ausdrucks- und Erscheinungsformen, möglicher Ursachen- und Begründungszusammenhänge, hinsichtlich sozialgeschichtlich bestimmter Aspekte der Erforschung der Phänomene *Kindesmißhandlung* und *Gewalt gegen Kinder*; zum anderen sollten grundlegende Kenntnisse des aktuellen Forschungsstandes zum Bereich *psychische Gewalt gegen Kinder*, die sich daraus für die Ausarbeitung weiterführender Forschungsprojekte abzuleitenden Konsequenzen und Perspektiven sowie mögliche „alternative" methodische Zugangsweisen zu dem bislang vernachlässigten Phänomen erworben werden, was an dem Beispiel subjektorientierter Denk- und Arbeitsansätze auf der Grundlage (auto-)biographischer Zeugnisse und literarischer Vorlagen verdeutlicht werden kann.

Wer sich aus persönlichem, beruflichem oder i.w.S. wissenschaftlichem Interesse heraus an den Themenbereich der *psychischen Gewalt gegen Kinder* annähern möchte, wird im Zuge (selbst-)kritischer Überlegungen unweigerlich neben anderen auch auf die Frage stoßen, welche Verhaltensweisen von Erwachsenen gegenüber Kindern, welche sozialen Situationen er als „noch legitim", welche er bereits als gewalttätig bzw. als gewaltbesetzt bezeichnen würde.

Diese Frage führt auf direktem Wege zu dem Nachdenken über die Subjektivität der Bewertungs- und Beurteilungskriterien von *Gewalt* und stellt somit einen ersten Schritt hin auf die anzustrebende Sensibilisierung für eher als unsensationell, als alltäglich zu bezeichnende Phänomene *psychischer Gewalt gegen Kinder* dar.

Die von der übergeordneten Bedeutung dieses Themenbereiches gesehen längst überfällige Veröffentlichung eines Einführungsbandes in den Themenbereich *psychische Gewalt gegen Kinder* kann nicht ohne die gedankliche und tatkräftig-praktische Unterstützung von interessierten Menschen erfolgen.

Es sei an dieser Stelle stellvertretend für viele andere den Teilnehmern von Einführungsseminaren *Gewalt gegen Kinder/Kindesmißhandlung* an der Berufsakademie Villingen-Schwenningen, Fachbereich Sozialwesen, gedankt, auch denen von Einführungsveranstaltungen in das *Wissenschaftliche Arbeiten* (an der Berufsakademie Villingen-Schwenningen, Fachbereiche Sozialwesen und Sozialwirtschaft, sowie an der IB-Schule für Ergotherapie Gailingen), sowie den teilnehmenden Kollegen an Fort- und Weiterbildungsveranstaltungen zum Themenbereich *Gewalt gegen Kinder* (z.B. im Rahmen einer Tagung des Deutschen Kinderschutzbundes mit der Europäischen Union in Hannover und einer Regionaltagung von Krankenhaus-Sozialarbeitern in Gailingen im Frühjahr/Sommer des Jahres 2000), ohne deren konstruktive Mitarbeit, ohne deren (selbst-)kritische Reflexion, ohne deren Mut, von subjektiven Erlebnissen und Erfahrungen mit *Gewalt* in der eigenen Kindheit und Jugend sowie in anderen Arbeits- und Lebensbereichen zu berichten, weder die Seminare und Fortbildungsveranstaltungen hätten erfolgreich und „sinnbringend" durchgeführt noch der vorliegende Einführungsband *Psychische Gewalt gegen Kinder* hätte ausgearbeitet werden können.

Auch die Suche nach einem geeigneten Verlag, der sich der Bedeutung dieses bisher vernachlässigten Themenbereiches annehmen würde, gestaltete sich als äußerst schwierig.

Einige der namhaften bundesdeutschen Verlage mit erziehungs- und sozialwissenschaftlichen Schwerpunkten zeigten durchaus Interesse an einer Veröffentlichung des ihnen vorgelegten Manuskriptes, lehnten jedoch letztendlich alle aufgrund von Überlegungen der Rentabilität bzw. einer nicht klar einzuschätzenden Nachfrage die Publizierung eines auf wissenschaftlichen Grundlagen erarbeiteten Einführungsbandes in den Themenbereich *Psychische Gewalt gegen Kinder* ab.

Dies ist um so erstaunlicher, als zum einen das Interesse an dem Thema als solches bei vielen für Gewaltthemen sensibilisierten Menschen nicht nur vorhanden, sondern in einem stetigen Wachsen begriffen scheint, zum zweiten kaum systematisch erarbeitete Abhandlungen über die wesentlichen Grundlagen für die Entwicklung eines weitgefaßten Verständnisses von *Gewalt gegen Kinder* erstellt worden sind und zum dritten bis auf die Ausnahme „Die Masken der Niedertracht. Seelische Gewalt im Alltag und wie man sich dagegen wehren kann" von der französischen Autorin M.-F. HIRIGOYEN aus dem Jahre 2000 keine deutschsprachigen Monographien und Forschungsdokumentationen über das Thema *psychische Gewalt gegen Kinder* zu finden sind.

Die Nachfrage nach einem systematisch ausgearbeiteten Einführungsband in die Betrachtung der Grundlagen von *psychischer Gewalt gegen Kinder* müßte immens sein.

Ein Beleg für diese Aussage kann in dem Gedankengang gesehen werden, den SOMMER bereits im Jahre 2000 mit der Formulierung der Frage andeutete, wer schon von sich behaupten könne, er habe im Laufe seines Lebens nicht mit Erscheinungs- und Ausdrucksformen, mit wissenschaftlichen wie populärwissenschaftlichen Erklärungsversuchen, mit Auswirkungen und Folgen von *Gewalt gegen Kinder/Kindesmißhandlung* in unmittelbarer Weise zu tun (gehabt).

So sei an dieser Stelle den Mitarbeitern/innen des Tectum Verlages Marburg Dank gesagt für das an dem Manuskript gezeigte Interesse, für die offensichtlich vorhandene Sensibilität für das Thema *Psychische Gewalt gegen Kinder*, ohne die die Realisierung des vorliegenden Buchprojektes letztendlich nicht möglich gewesen wäre.

Rückmeldungen, kritische Anmerkungen und Nachfragen sind ausdrücklich erwünscht und können auf direktem Weg an den Verfasser gerichtet werden.

Auch die Zusendung (auto-)biographischer Zeugnisse über Erlebnisse und Erfahrungen mit unterschiedlichen Phänomenen *(psychischer) Gewalt gegen Kinder* können namentlich oder anonymisiert an die Kontaktadresse geschickt werden.

Der Verfasser ist sehr daran interessiert, mit Vertretern der (Fach-)Öffentlichkeit in eine inhaltlich bestimmte Diskussion über Fragen aus dem Themenbereich *Gewalt gegen Kinder* eintreten zu können.

Der vorliegende Einführungsband in sozialwissenschaftliche Grundlagen von *psychischer Gewalt gegen Kinder* stellt den sechsten Beitrag des Verfassers zu dem übergeordneten Themenbereich *Gewalt gegen Kinder/Kindesmißhandlung* dar, der inhaltlich anknüpft an einem im Jahre 1996 veröffentlichten Aufsatz mit dem Titel „Anmerkungen zum aktuellen Forschungsstand über *psychische Gewalt gegen Kinder*. Subjektive Gewalterfahrungen und (auto-)biographische Literatur".

Weitere Veröffentlichungen aus den Bereichen *Gewalt gegen Kinder* und *Kindesmißhandlung* sind geplant, so daß das Zusenden von Anregungen, Kommentaren und kritischen Äußerungen, aber auch das von persönlich-subjektiven Berichten über Gewalterfahrungen ausdrücklich erwünscht sind, um deren inhaltliche Aussagen sowie die daraus abzuleitenden Erkenntnisse und Schlußfolgerungen in weitere (Forschungs-)Projekte einarbeiten zu können.

Bernd Sommer

Singen/Htwl., im Juni 2002

Inhaltsverzeichnis

Seite

1. **Einleitung** 13

2. ***Gewalt gegen Kinder/Kindesmißhandlung* als gesellschaftliches Phänomen**
   2.1. Zur Einführung in den Themenbereich 21
   2.2. Zu den Begriffen *Gewalt* und *Gewalt gegen Kinder/Kindesmißhandlung* - Dimensionen sozialwissenschaftlicher Begriffsbestimmungen 22
   2.3. Zur Geschichte der Erforschung der Phänomene *Kindesmißhandlung* und *Gewalt gegen Kinder* 36
   2.4. Zusammenfassung und Diskussion der (vorläufigen) Ergebnisse 44

3. ***Psychische Gewalt gegen Kinder* - Zum aktuellen Forschungsstand in der wissenschaftlichen Literatur**
   3.1. Einführung 53
   3.2. *Psychische Gewalt gegen Kinder* - Forschungsstand und Perspektiven 55
   3.3. *Psychische Gewalt gegen Kinder* - Ergebnisse einer nichtrepräsentativen Befragung 61
       3.3.1. Einführung 61
       3.3.2. Ergebnisse der Befragung 63
       3.3.3. Zusammenfassung und Versuch der Einordnung 69
   3.4. Ausblick 73

4. **(Auto-)Biographische Forschung und *psychische Gewalt gegen Kinder***
   4.1. Methodische Probleme (auto-)biographischer Forschungsansätze 77
   4.2. Zum Wandel der Beurteilungskriterien von *Gewalt gegen Kinder* 79
   4.3. Ausgewählte Beispiele aus der (auto-)biographischen Literatur 82
       4.3.1. Ausgewählte literarische Vorlagen 82
       4.3.2. *Gewalt* aus der Sicht von Kindern und Jugendlichen 102
       4.3.3. Beispiele aus der Dokumentation einer Projektwoche zum Thema *Gewalt gegen Kinder* 107
   4.4. Zusammenfassung und Versuch der Einordnung 113

Seite

5. Psychische Gewalt gegen Kinder - Grundlagen und Perspektiven
   5.1. Zusammenfassung und Diskussion der Ergebnisse   117
   5.2. *Psychische Gewalt gegen Kinder* - Standortbestimmung und
          Perspektiven   124
   5.3. Ausblick   126

6. Literaturverzeichnis
   6.1. Literatur zur allgemeinen Einführung in den Themenbereich
          Gewalt gegen Kinder/Kindesmißhandlung   129
   6.2. Literatur zum Themenbereich *psychische Gewalt gegen Kinder*   130
   6.3. Verzeichnis der benutzten/der weiterführenden Literatur   131

Stichwortverzeichnis   151

Personenverzeichnis   155

Angaben zu dem Verfasser   157

1. Einführung

Veröffentlichungen aus und Publikationen zu den Themenbereichen *Gewalt gegen Kinder* und *Kindesmißhandlung* überschwemmen seit über zwanzig Jahren den Markt für interessierte Leser und Vertreter der (Fach-)Öffentlichkeit. Die nicht mehr zu überschauende Fülle an belletristischer, wissenschaftlicher, populärwissenschaftlicher und sogenannter „Ratgeber"-Literatur weist unterschiedliche Herkunft auf, deren Seriosität und Qualität ein an dem Erwerb von Grundlagenwissen interessierter Leser kaum einzuschätzen vermag.

Auffällig ist die Beobachtung des offensichtlich werdenden Widerspruches einerseits unzähliger Veröffentlichungen zu den Bereichen von *körperlicher Gewalt* und *sexueller Gewalt gegen Kinder*, andererseits dem von wenigen Ausnahmen abgesehen gänzlichen Fehlen von Veröffentlichungen zum Problembereich der *seelischen* oder *psychischen Gewalt gegen Kinder*.

Um diesen Widerspruch in seiner Bedeutung einschätzen und auch nur annähernd auflösen zu können, bedarf es der Einsicht in unterschiedliche Themengebiete, zu denen u.a. Erscheinungs- und Ausdrucksformen, Ursachen- und Erklärungsmodelle, aber auch (sozial-)geschichtliche Erkenntnisse in der Erforschung der Themenbereiche *Kindesmißhandlung* und *Gewalt gegen Kinder*, wissenschaftliche und wissenschaftstheoretische, (forschungs-)methodologische und -methodische Grundkenntnisse, zu denen letztendlich auch das Wissen um den Alltagsbezug des Phänomens *Gewalt gegen Kinder* zu zählen sind.

So verständigten sich beispielsweise die Gutachter der sogenannten *Gewaltkommission*, die als „unabhängige Regierungskommission zur Verhinderung und Bekämpfung von Gewalt"[1] im Jahre 1987 von der damaligen Bundesregierung Kohl beauftragt wurde, „in einer Sekundäranalyse die Ursachen, insbesondere der politisch motivierten Gewalt, der Gewalt auf Straßen und Plätzen, der Gewalt im Stadion, der Gewalt in der Schule und der Gewalt in der Familie zu untersuchen und Konzepte zu entwickeln, die so praxisnah und handlungsorientiert sein sollen,

---

[1] vgl. SCHWIND/BAUMANN 1990.

daß sie von Gesetzgebung, Verwaltung und Justiz auch möglichst kurzfristig umgesetzt werden können"[2], auf den Gebrauch eines Gewaltterminus, „der die zielgerichtete, direkte physische Schädigung von Menschen durch Menschen erfaßt"[3].

Während diese Begriffsbestimmung in der Folge als „Minimalkonsens in der öffentlichen (politischen) Diskussion und in den einzelnen Wissenschaftsdisziplinen" bezeichnet wurde, in deren Rahmen eine mögliche Einbeziehung von „'Zwangsmerkmalen' in sozialen Systemen (sog. strukturelle Gewalt)"[4] in das Konzept der *Gewaltkommission* mit dem Hinweis auf die darin liegende „inflationäre Ausdehnung" des Begriffes *Gewalt* ausgeklammert wurde, merkten bereits ALBRECHT und BACKES (1990) kritisch an, daß die *Gewaltkommission* „ihren Blick von vornherein auf individuelle Gewalt eingeengt und den Gewaltbegriff nur aus der Sicht eines formalistisch abgeleiteten staatlichen Gewaltmonopols bestimmt"[5] habe.

Auch HORNSTEIN (1996) kritisiert in diesem Zusammenhang die Einengung der von der *Gewaltkommission* einseitig auf den körperlichen Aspekt ausgerichteten Begriffsbestimmung von *Gewalt*, die seiner Meinung nach „die Formen psychischen Drucks, psychischer Erpressung und Verletzung"[6] ausblende.

Bezogen auf die Betrachtung der Problembereiche *Gewalt gegen Kinder* und *Kindesmißhandlung* fallen somit die Phänomene von *struktureller Gewalt*, von *psychischer Gewalt gegen Kinder* und in deren Folge auch die Phänomene *alltäglicher Gewalt* nicht unter die vorgenommene Begriffsbestimmung.

In sozialwissenschaftlich orientierten Denkansätzen hingegen scheinen sich mehr und mehr Aspekte eines Gewaltbegriffes herauszukristallisieren, der sowohl auf körperliche wie seelisch-emotionale Dimensionen von *Gewalt* abhebt[7].

---

[2] SCHWIND/BAUMANN 1990, I, 28.
[3] SCHWIND/BAUMANN 1990, I, 36.
[4] SCHWIND/BAUMANN 1990, I, 36.
[5] ALBRECHT/BACKES 1990, 9; vgl. auch SCHWIND/BAUMANN 1990, I, 32, 49 ff.
[6] HORNSTEIN 1996, 23.
[7] vgl. u.a. FORSCHNER 1985, HOLTMANN 1991, NARR 1983, NARR 1988, NEIDHARDT 1986.

Während der Bereich der *körperlichen Gewalt gegen Kinder* in der jüngsten Vergangenheit zunehmend erforscht wird, stellt das Phänomen der *psychischen Gewalt gegen Kinder* einen in der wissenschaftlichen Forschung weitgehend vernachlässigten Problembereich dar. Es lassen sich zwar vereinzelt Äußerungen zu diesem Themenbereich finden[8], die jedoch weder als systematisch angesehen werden können noch der ihr immer wieder zugeschriebenen besonderen Bedeutung entsprechend thematisiert werden. Erkenntnisse der neueren sozialwissenschaftlichen Gewaltforschung weisen sowohl individuelle Persönlichkeitsfaktoren als auch gesellschaftliche, kulturelle und soziale Lebensbedingungen sowie deren vielfältige Wechselbeziehungen als mögliche Ursachengefüge von *Gewalt* aus[9].

Ergebnisse sozialwissenschaftlich ausgerichteter Ursachenforschung aus dem Bereich *familialer Gewalt* legen das Herstellen eines inhaltlich begründeten Zusammenhangs von Gewalterfahrungen in der Kindheit und dem eigenen Gewaltverhalten als Erwachsene nahe, ein Phänomen, das in der einschlägigen Literatur als *Kreislauf der Gewalt*[10] bezeichnet wird.

So beschreibt auch HIRIGOYEN (2000) in diesem Zusammenhang die Beobachtung, alles, „was während der Kindheit nicht verarbeitet wurde, findet sich wiederholt in fortwährenden Aktionen im Erwachsenenalter. Auch wenn nicht alle mißhandelten Kinder mißhandelnde Eltern werden, ist eine Spirale der Zerstörung in Gang gesetzt. Jeder von uns kann dahin kommen, seine innere Gewaltsamkeit an einem anderen zu wiederholen"[11].

Wenn von der Berechtigung dieser These ausgegangen wird, so wird die Bedeutung von *Gewalt* im Familienzusammenhang für das mögliche Entstehen von Ge-

---

[8] vgl. u.a. BUSKOTTE 1992, COVITZ 1993, DKSB 1989, ENGFER 1986, HERZKA 1989 a, HIRIGOYEN 2000², JUNGJOHANN 1991, RAUCHFLEISCH 1992, WITTENHAGEN/WOLFF 1980.
[9] vgl. u.a. MANTELL 1988 (Original 1972).
[10] vgl. BRÜNDEL/HURRELMANN 1994, HIRIGOYEN 2000², HONIG 1990 c, SCHNEIDER 1990, SCHWIND/BAUMANN 1990, I, 88 ff., II 106 f.
[11] HIRIGOYEN 2000², 65.

waltphänomenen auf verschiedenen Ebenen des sozialen, gesellschaftlichen und politischen (Zusammen-)Lebens zumindest ansatzweise sichtbar.

Die in der Bundesrepublik Deutschland seit Mitte der 70er Jahre zu beobachtende Entwicklung der *Wiederentdeckung familialer Gewalt*[12], die nach Aussagen HONIGs (1992) vor allem „auf einer politischen Initiative zur Enttabuisierung und Skandalisierung von 'Gewalt gegen Kinder' und 'Gewalt gegen Frauen'"[13] begründet läge, führte zu einem die Öffentlichkeit in beispielloser Weise beeinflussenden Sensibilisierungsprozeß für die sozialen Probleme *Gewalt gegen Frauen* und *Gewalt gegen Kinder*, in dessen Zuge innerhalb der vergangenen 30 Jahre eine inzwischen kaum mehr zu überblickende Flut von vor allem autobiographisch ausgerichteten Zeugnissen zu Gewalterfahrungen und *sexuellem Mißbrauch* veröffentlicht wurde.

Diese Entwicklung kann nur nachvollzogen und in ihrer Bedeutung eingeschätzt werden vor dem Hintergrund einer ausreichenden Berücksichtigung des in den 70er Jahren einsetzenden Sensibilisierungsprozesses für Gewaltphänomene, für dessen wachsenden Einfluß vor allem den *Neuen Sozialen Protestbewegungen* überragende Verantwortung zugeschrieben werden kann.

Die sogenannten *Neuen Sozialen Protestbewegungen* der 70er und 80er Jahre, die *Frauenbewegung*, die *Friedensbewegung* und die *Ökologiebewegung*, stellten Fragen nach dem Verhältnis zur *Gewalt*, zur *Gewalt in zwischenmenschlichen Beziehungen* sowie zur *Gewalt gegen die Natur* in den Mittelpunkt ihrer (gesellschafts-)kritischen Betrachtungen[14].

Die Beobachtung, daß die vielfältigen Erscheinungsformen von *Gewalt* in Familie und Erziehung keine Ausnahmephänomene, sondern alltäglich erfahrene Lebenswirklichkeit darstellen[15], konnte insbesondere über die Rezeption von Berichten aus Frauenhäusern und Kinderschutz-Zentren gewonnen werden.

---

[12] vgl. u.a. BACON 1982, HONIG 1992, PFOHL 1983.
[13] HONIG 1992, 22 f.
[14] vgl. u.a. NICKLAS 1988, RASCHKE 1988².
[15] vgl. u.a. ERNST/STAMPFEL 1991, JUNGJOHANN 1991.

Um so erstaunlicher ist die Beobachtung, daß die Selbstaussagen von Kindern und Jugendlichen sowie (auto-)biographisch ausgerichtete und literarisch aufgearbeitete Beiträge Erwachsener zu dem Themenbereich subjektiver Gewalterfahrungen im Rahmen wissenschaftlicher Forschungsansätze bisher nicht bzw. nur in unzureichendem Maße die ihnen zustehende Berücksichtigung finden konnten.

Im Zuge einer kritischen, (sozial-)geschichtliche, kulturelle, gesellschaftliche und politische Dimensionen von *Kindesmißhandlung* und *Gewalt gegen Kinder* berücksichtigenden Betrachtung wird die Beobachtung von Veränderungstendenzen qualitativer Aspekte deutlich, wie auch die der sich wandelnden Wahrnehmung und die der unterschiedlichen Bedeutungszuschreibung sichtbar wird.

Bei einer sorgfältigen Analyse der bislang in der wissenschaftlichen Forschung zumeist vernachlässigten Dimensionen *psychischer Gewalt gegen Kinder* wird die Verwobenheit von Gewaltphänomenen in den Lebensalltag von Menschen (Kindern) in verschiedenen Zusammenhängen deutlich.

Im alltäglichen Bereich erscheint *Gewalt* oftmals in subtiler Form, so daß erst über den Weg einer genauen Prüfung die Gewaltförmigkeit gesellschaftlicher (Sub-)Systeme wie auch die Gewalttätigkeit in den sozialen Handlungen einzelner Personen oder Personengruppen erkennbar wird.

Der vorliegende Band soll verstanden werden als eine längst überfällige Einführung in den Problembereich der *psychischen Gewalt gegen Kinder*, in deren Rahmen nicht der Anspruch auf Vollständigkeit der Darstellung und auf allumfassende, zufriedenstellende Beantwortung aller mit diesem Thema anstehenden Fragen erhoben werden soll und kann.

Bedeutsam in diesem Zusammenhang stellen sich jedoch die Zielsetzungen dar, interessierte Leser für grundlegende Aspekte des Phänomens der *psychischen Gewalt gegen Kinder* zu sensibilisieren, erste Einblicke in sozialgeschichtliche Dimensionen der Erforschung der Phänomene *Kindesmißhandlung* und *Gewalt gegen Kinder* zu vermitteln sowie deren Auswirkungen auf aktuelle Bezüge zu verdeutlichen, des weiteren Einsichten hinsichtlich der gesellschaftlich bedingten

Zusammenhänge von *Gewalt gegen Kinder* zu fördern und somit erste Schritte auf dem Weg hin zu der Entwicklung eines umfassenden Verständnisses von *Gewalt gegen Kinder* anzustoßen, das nicht von vornherein schwer faß- und wahrnehmbare, subtil wirkende Phänomene aufgrund forschungsmethodischer und -methodologischer Argumentationen ausschließt.

Der Formulierung dieser Zielsetzungen entsprechend werden in dem vorliegenden Einführungsband Fragestellungen aufgeworfen, an deren Beantwortung sich schrittweise angenähert werden soll:

(1) Welche Aspekte in der Geschichte der Erforschung der Phänomene *Kindesmißhandlung* und *Gewalt gegen Kinder* erweisen sich im Zuge der (wissenschaftlichen) Bemühungen um die Erarbeitung eines der wahren Bedeutung der Problembereiche angemessenen Grundverständnisses von *Gewalt gegen Kinder* als richtungsweisend ?[16]

(2) Wie stellt sich der aktuelle Forschungsstand über *psychische Gewalt gegen Kinder* in der einschlägigen wissenschaftlichen Literatur dar ?

Welche möglichen Konsequenzen und Perspektiven lassen sich aus den gewonnenen Erkenntnissen ableiten ?[17]

(3) Lassen sich über den Weg der Bearbeitung (auto-)biographisch ausgerichteter und literarisch aufgearbeiteter Beiträge subjektiv von *Gewalt* Betroffener Hinweise auf bisher unbeantwortete Fragen aus dem Bereich *psychischer Gewalt gegen Kinder* finden ?[18]

Welche Konsequenzen können sich aus der Aufarbeitung subjektiv gehaltener Beiträge von *Gewalt* Betroffener für die aktuelle Diskussion um das Phänomen der *psychischen Gewalt gegen Kinder* ergeben ?[19]

---

[16] vgl. Kap. 2 des vorliegenden Einführungsbandes.
[17] vgl. Kap. 3 des vorliegenden Einführungsbandes.
[18] vgl. Kap. 4 des vorliegenden Einführungsbandes.
[19] vgl. Kap. 5.1. und 5.2. des vorliegenden Einführungsbandes.

Der sich überaus vielfältig und vielschichtig, damit auch unübersichtlich darstellende aktuelle Forschungsstand zu den Themenbereichen *Gewalt gegen Kinder* und *Kindesmißhandlung* im allgemeinen wie auch die sich im Zuge einer kritischen Durchsicht bisher in der einschlägigen Literatur veröffentlichter Beiträge zum vernachlässigten Problembereich *psychische Gewalt gegen Kinder* als unzureichend erweisende Forschungslage im besonderen führen unweigerlich zu dem gedanklichen Schluß, Grundkenntnisse über das und grundsätzliche Überlegungen zu dem Thema *psychische Gewalt gegen Kinder* über den Weg einer didaktisch aufbereiteten, begründeten und inhaltliche Schwerpunkte vorab bestimmenden Einführung vermitteln bzw. anstellen zu wollen, ein Vorhaben, das mit dem Vorlegen dieses Einführungsbandes in den Themenbereich *psychische Gewalt gegen Kinder* verwirklicht werden soll.

2. Gewalt gegen Kinder/Kindesmißhandlung als gesellschaftliches Phänomen

2.1. Zur Einführung in den Themenbereich

Anhand der Beobachtung, daß *Gewalt* in ihren vielfältigen Erscheinungsformen in Familie, Erziehung, Gesellschaft und Politik in den vergangenen Jahren zunehmend zum Gegenstand populärwissenschaftlicher und wissenschaftlicher Erörterungen wurde, sich auf anderer Ebene zu einem vieldiskutierten Thema in den Massenmedien entwickelte und sich nicht zuletzt in inzwischen nahezu unüberschaubarem Ausmaß als Ausdruck subjektiv erlebter *Gewalt* in (auto-)biographischen und literarischen Zeugnissen niederschlägt, läßt sich die Aktualität dieses Problembereiches ablesen.

Die Forschung zum Themenbereich *Gewalt gegen Kinder* weist trotz zahlreicher ernstzunehmender Versuche, verläßliche Aussagen hinsichtlich Formen, Ausmaß und Verteilung von Gewaltphänomenen zu gewinnen sowie zur Erhellung möglicher Ursachen *familialer Gewalt* beizutragen, auf das Problem unbefriedigend geklärter Begriffe wie nicht allgemein anerkannter Ergebnisse hin.

Die Palette der unterschiedlichen Bewertungen inhaltlicher Dimensionen von *Gewalt gegen Kinder* reicht von „kinderfeindlichen Lebensbedingungen"[20], über die These einer wachsenden Gewaltförmigkeit innerhalb menschlicher Interaktionsformen[21] bis hin zu der einseitig ausgerichteten Betonung rein körperlicher Aspekte von *Gewalt*[22].

WITTENHAGEN und WOLFF (1980) ist in einer ihrer grundlegenden Erkenntnisse zuzustimmen, wenn sie schreiben, „eine allgemein gültige Definition von Kindesmißhandlung gibt es nicht, nur mehr oder weniger brauchbare"[23], zu sehr unterliegen Begriffsbestimmungen subjektiven Wertentscheidungen, sie erweisen sich als abhängig von theoretischen Vorannahmen und Erkenntnisinteressen.

---

[20] vgl. u.a. BRINKMANN 1983, DOORMANN 1979, JUNGJOHANN 1991, PETRI 1989.
[21] vgl. z.B. VOSS 1983.
[22] vgl. u.a. SCHNEIDER 1987.
[23] WITTENHAGEN/WOLFF 1980, 5.

2.2. Zu den Begriffen *Gewalt* und *Gewalt gegen Kinder/Kindesmißhandlung* - Dimensionen sozialwissenschaftlicher Begriffsbestimmungen

In dem Arbeitszusammenhang von *Gewalt im Alltagssprachgebrauch* scheint es zunächst sinnvoll, in einem ersten Schritt auf die Mehrsinnigkeit und Mehrdimensionalität des Gewaltbegriffes zu verweisen. Je nach Kontext werden mit dem Begriff *Gewalt* unterschiedliche Bedeutungen verbunden.

Nach Aussagen von FORSCHNER (1985) hat der Begriff *Gewalt* „verschiedene Bedeutungen und wird in mannigfachen Abwandlungen und Verbindungen verwendet"[24].

So wird beispielsweise von *Naturgewalt, menschlicher Gewalt, staatlicher Gewalt, geistlicher Gewalt, weltlicher Gewalt, göttlicher Gewalt, väterlicher Gewalt, Verfügungsgewalt,* von *öffentlicher* und *rechtsprechender Gewalt* gesprochen[25].

Nach den Ergebnissen einer nicht-repräsentativen Befragung, die HONIG (1992) in der Bundesrepublik Deutschland durchführte, stellt sich die Mehrzahl der Befragten unter *Gewalt an Kindern* oder *Gewalt an Frauen* in der Familie „körperliche Gewalt vor. Sie ist brutal, geschieht häufig und wird willkürlich ausgeübt (Schläge aus nichtigem Anlaß, blindlings u.ä.). Wenn mit Gegenständen zugeschlagen wird und es zu Verletzungen kommt, ist das Bild vollständig. Es repräsentiert nicht nur den quantitativen Schwerpunkt der geäußerten Meinungen, sondern gibt auch jenes Bild wieder, das in der Öffentlichkeit über Kindesmißhandlungen und über die Mißhandlung von Frauen, die in Frauenhäusern Zuflucht gesucht haben, gezeichnet wird. Das öffentliche Bild von Gewalt in Familien hilft auszudrücken, daß man selber nie so handeln würde, daß 'Gewalt' die anderen ausüben"[26].

HONIG (1992) zitiert im weiteren Verlaufe eine englische Untersuchung von BOGRAD (1984), wonach „'körperliche Kraft allein, wie immer destruktiv sie

---

[24] FORSCHNER 1985, 15.
[25] vgl. u.a. FORSCHNER 1985, 15 f., NEIDHARDT 1986, 114.
[26] HONIG 1992, 152.

sich auswirken mag, *Gewalt* (...) nicht (konstituiere, Zusatz d. Verf.), es sei denn, ihr wird die soziale Bedeutung von *Gewalt* zugeschrieben. Daß ein Mann seine Frau schlägt, ist unleugbar. Ob diese Handlung *Gewalt* ist oder nicht, ob sie gut oder schlecht ist, normal oder abweichend, ist eine Frage sozialer Interpretationen'"[27].

In einer weiteren nicht-repräsentativen Befragung stellen FRINDTE und Mitarbeiter (1993) 100 Schülerinnen und Schülern im Alter von 16 und 17 Jahren sowie 65 Erwachsenen die Frage, was sie unter *Gewalt* verstünden[28]. Die Ergebnisse, die die Autoren nur als „mögliche Tendenzen" verstanden wissen wollen, zeigen u.a., daß das Alltagsverständnis von *Gewalt* globale Gewaltphänomene wie Krieg und Umweltzerstörung, situationsbezogene gewaltbesetzte Ereignisse wie kriminelle Taten, aber neben Formen *personaler Gewalt* auch Aspekte *indirekter, struktureller Gewalt* wie beispielsweise Arbeitslosigkeit umfaßt.

Neben dem (Be-)Nennen von konkreten Gewalthandlungen wie das „Schlagen von Kindern" werden auch eher abstrakte Umschreibungen von *Gewalt* wie z.B. der „Zwang, zu tun, was man nicht will" angesprochen[29].

Sowohl NEIDHARDT (1986) als auch FUCHS (1993) beklagen die unzureichende Forschungslage hinsichtlich zuverlässiger Aussagen „über die semantischen Entwicklungen (...), die in der Alltagssprache der Bürger stattfinden. Die wenigen vorliegenden Befunde geben aber zumindest einen Eindruck von der Vielfältigkeit und Variabilität im Umgang mit dem Wort Gewalt"[30].

---

[27] BOGRAD, M., How battered women and abusive men account for domestic violence: Excuses, justifications, or explantations? Paper presented at the Second National Conference for Family Violence Researchers, Durham, August 1984; zit. nach HONIG 1992, 101 (Auslassungen durch d. Verf.; kursiv gedruckte Wörter sind im Original in einfache Anführungszeichen gesetzt, Anm. d. Verf.).

[28] vgl. Anlage und Ergebnisse einer vom Verfasser durchgeführten schriftlichen Befragung zu dem Themenbereich *psychische Gewalt gegen Kinder* in Kap. 3.3. des vorliegenden Einführungsbandes.

[29] vgl. FRINDTE 1993, 20 ff.; vgl. auch KAASE/NEIDHARDT 1990, 41 ff.

[30] NEIDHARDT 1986, 113 (Auslassungen durch d. Verf.).

Obwohl im Rahmen eines Einführungsbandes in den Themenbereich *psychische Gewalt gegen Kinder* nicht in ausreichendem Maße die Möglichkeit besteht, die unterschiedlichen, sich zum Teil widersprechenden Ergebnisse der jahrzehntelang betriebenen Aggressions- und Gewaltforschung einander gegenüberzustellen und zumindest in Ansätzen aufzuarbeiten, kann jedoch u.a. die Erkenntnis festgehalten werden, daß mit dem Begriff *Gewalt* Phänomene wie Macht, Übermacht, Zwang, Vergewaltigung und Mißbrauch assoziiert werden[31].

Nach Aussagen von KLOSINSKI (1993) stellt sich der Begriff *Gewalt* ähnlich unscharf dar wie der Begriff *Aggression*[32].

Begriffsbestimmungen in Wörterbüchern und Lexika stellen einen weiteren Zugang zu Alltagsbedeutungen und möglichen Bedeutungswandlungen des Begriffes *Gewalt* dar.

Nach MEYERs Enzyklopädischem Lexikon (1980) bedeutet *Gewalt*

„1. Macht, Befugnis, das Recht und die Mittel, über jemanden, etwas zu bestimmen, zu herrschen (...).

2. a) unrechtmäßiges Vorgehen, wodurch man jemanden zu etwas zwingt (...).

   b) gegen jemanden, etwas rücksichtslos angewendete physische Kraft, mit der man etwas erreicht (...).

3. elementare Kräfte von zwingender Wirkung: die Gewalt des Sturms, der Wellen (...)"[33].

In MEYERs Großem Universal-Lexikon (1982) läßt sich unter dem Begriff *Gewalt* u.a. folgendes finden:

„ (...) im deutschen Sprachgebrauch Bezeichnung sowohl für die (zerstörende) Gewalttätigkeit ('vis violentia') als auch für die (ordnende) Macht im Sinne von Herrschaftsbefugnis ('potestas', 'imperium')"[34].

---

[31] vgl. u.a. KLOSINSKI 1993, NARR 1988, NEIDHARDT 1986.
[32] vgl. KLOSINSKI 1993, 26.
[33] MEYERs Enzyklopädisches Lexikon Bd. 31, Mannheim, Wien, Zürich 1980, 1027 (Auslassungen durch d. Verf.; Abkürzungen wurden ausgeschrieben).
[34] MEYERs Großes Universal-Lexikon Bd. 5, Mannheim, Wien, Zürich 1982, 567 (Auslassungen durch den Verf.; Abkürzungen wurden ausgeschrieben).

In den folgenden Abschnitten wird in MEYERs Großem Universal-Lexikon (1982) zwischen *Gewalt* im Verfassungs- und Strafrecht unterschieden, während die Bedeutung innerhalb der Sozialwissenschaften gesondert abgehandelt wird[35].

---

[35] Zur *Gewalt* im Verfassungs- und Strafrecht heißt es u.a. „Im Verfassungsrecht der Bundesrepublik Deutschland wird die Staats-Gewalt vom Volk (Art. 21 GG: 'Alle Staats-Gewalt geht vom Volke aus') in Wahlen und Abstimmungen sowie durch drei Staatsorgane ausgeübt. Gegen jeden, der es unternimmt, diese Ordnung zu beseitigen, haben alle Deutschen das Recht zum Widerstand, wenn andere Abhilfe nicht möglich ist (...). Die innerstaatliche Gewalt über die Gewaltunterworfenen (Gewaltverhältnis) unterliegt rechtlichen Bindungen und Begrenzungen durch die Gewährleistung von Grundrechten und einem umfassenden gerichtlichen Rechtsschutz; sie ist durch den Grundsatz der Gewaltenteilung beschränkt.
(...)
Im Strafrecht ist Gewalt im Sinne von Gewalttätigkeit, d.h. als Einsatz physischer Kraft zur Beseitigung eines wirklichen oder vermuteten Widerstandes, häufig Tatbestandsmerkmal einer strafbaren Handlung, z.B. bei Vergewaltigung, Menschenraub, Raub und Erpressung. Bei anderen Straftatbeständen wie Körperverletzung, Sachbeschädigung sowie den Tötungsdelikten ist die Gewaltanwendung selbstverständliche Tatbestandsvoraussetzung. Gewalt kann als 'vis absoluta' die Willensbildung oder Willensbetätigung des Gezwungenen völlig ausschalten (z.B. betäubendes Niederschlagen, Fesselung) oder als 'vis compulsiva' durch unmittelbare oder mittelbare Einwirkung auf den anderen darauf gerichtet sein, dessen Willen zu beugen oder seine Willensbetätigung in eine bestimmte Richtung zu lenken (z.B. Einsperren, Bedrohen von Angehörigen mit der Waffe). Nach der neueren Rechtsprechung ist auch die Anwendung berauschender oder narkotisierender Mittel sowie die Hypnose, der den Gleiskörper einer Straßenbahn blockierende Sitzstreik sowie das Erzwingen bzw. bewußte Verhindern des Überholens im Straßenverkehr als Gewaltanwendung zu qualifizieren" (MEYERs Großes Universal-Lexikon Bd. 5, Mannheim, Wien, Zürich 1982, 567; Auslassungen durch d. Verf.).
Zu dem Themenbereich *Gewalt* aus sozialwissenschaftlicher Sicht heißt es u.a.: „In den Sozialwissenschaften bedeutet Gewalt die Anwendung von physischem und/oder psychischem Zwang gegenüber einem anderen, um diesem Schaden zuzufügen bzw. ihn der Herrschaft des Gewaltausübenden zu unterwerfen oder um solcher Gewaltausübung (mittels Gegen-Gewalt) zu begegnen. Die Monopolisierung der Gewalt als Staats-Gewalt ist Folge eines historischen Kampfes um die politische Macht in einem Gemeinwesen. Die sich durchsetzende (überwiegende) Gewalt etabliert sich als Herrschafts-Gewalt und bestimmt die Rechtsordnung, d.h. die formellen Regeln für die Austragung gesellschaftlicher Konflikte. Der moderne Staat hat das 'Monopol physischer Gewaltsamkeit' (Max Weber), das ihm einerseits die Verwirklichung der Freiheits-, Rechts- und Wohlfahrtsordnung für die Bürger der Gesellschaft ermöglicht, das andererseits jedoch verfassungsmäßigen Bindungen und Begrenzungen unterliegt. Sofern der Staat einseitig oder völlig von gesellschaftlichen Gruppen oder Klassen beherrscht wird, entsteht strukturelle Gewalt: nicht mehr nur personale oder direkte, sondern (indirekte) in das gesellschaftliche System eingebaute, die Entstehung von (durch Gesetz und Recht legitimierten) ungleichen Macht- und Besitzverhältnissen zulassende Gewalt, die Gegen-Gewalt provozieren kann" (MEYERs Großes Universal-Lexikon Bd. 5, Mannheim, Wien, Zürich 1982, 567; Auslassungen durch d. Verf., Abkürzungen wurden ausgeschrieben).

In der Brockhaus Enzyklopädie (1989) wird unter *Gewalt* die „Anwendung von physischem und psychischem Zwang gegenüber Menschen" verstanden; dabei umfaßt *Gewalt*

„1) die rohe, gegen Sitte und Recht verstoßende Einwirkung auf Personen (lat. violentia),

2) das Durchsetzungsvermögen in Macht- und Herrschaftsbeziehungen (lat. potestas).

Während z.B. das Englische (violence/power) und das Französische (violence/pouvoir) der sprachlichen Unterscheidung des Lateinischen folgen, vereinigt das Deutsche beide Aspekte. Die Schwierigkeiten im deutschen Sprachgebrauch liegen besonders in der vielfältigen Möglichkeit von Wortzusammensetzungen mit dem Begriff Gewalt: dadurch werden grundlegende Unterschiede zwischen staatlicher Machtbefugnis und Amtsausübung einerseits und über sie hinausgehender Gewalt-Herrschaft und individueller Gewalttätigkeit andererseits verwischt"[36].

Anhand der beispielhaft angeführten Begriffsbestimmungen in Enzyklopädien und Wörterbüchern läßt sich u.a. die Beobachtung festmachen, daß die Ergebnisse (sozial-)wissenschaftlicher Gewaltforschung Eingang gefunden haben in den Alltagssprachgebrauch.

Während auf allgemeiner Ebene ein Konsens beobachtbar ist in dem als ambivalent zu bezeichnenden Bedeutungsfeld von lateinisch „violentia" als gewaltsamer, gegen die Sitten verstoßender Einwirkung auf Personen und lateinisch „potestas" als Durchsetzungsvermögen in Macht- und Herrschaftsbeziehungen, kommt jedoch, sobald fachspezifische und fachdisziplinäre Forschungsinteressen relevant werden, das zum Ausdruck, was GALTUNG (1978) eindrucksvoll beschreibt als

---

[36] Brockhaus Enzyklopädie Bd. 8, Mannheim 1989, 453 (Abkürzungen wurden ausgeschrieben).
Bei weitergehendem Interesse hinsichtlich der Schwierigkeiten von Begriffsbestimmungen von *Gewalt* vgl. u.a. FORSCHNER 1985, FRINDTE 1993, NEIDHARDT 1986, NICKLAS 1984, RÖTTGERS 1974.

Beobachtung, nicht einmal zwei auf dem Gebiete der Gewaltforschung tätigen Forscher verwendeten dieselbe Definition von *Gewalt*[37].

Auffällig im Sprachgebrauch vor allem sozialwissenschaftlich begründeter Gewaltdefinitionen ist die Beschreibung von *Gewalt* als Anwendung physischen **und** psychischen Zwanges.

Um Aufschluß über weitere Bedeutungsfelder von *Gewalt* erhalten zu können, scheint es sinnvoll zu sein, einige der in der (sozial-)wissenschaftlichen Literatur vorfindlichen Typisierungsversuche zu beschreiben und deren möglichen Einfluß auf die Verwendung des Begriffes *Gewalt gegen Kinder* zu prüfen.

Die theoretische, wissenschaftlich begründete Auseinandersetzung mit dem Problembereich *Gewalt* entwickelte sich im Vergleich zu der der Aggressionsforschung relativ spät.

Zum einen wurde die Gewaltforschung, wie NICKLAS (1984) es beschreibt, erst vorangetrieben, „nachdem sich die Kriegsursachen-Forschung der vierziger und fünfziger Jahre als unzulänglich erwiesen"[38] hätte, zum anderen sei es über die Einführung des Begriffes der *strukturellen Gewalt* in die Diskussion der Friedensforschung zu einer Veränderung des Blickwinkels gekommen, wobei „nicht mehr die Vermeidung der Ursachen oder Anlässe, die zu Kriegen führten, (... im Mittelpunkt der Betrachtungen stand, Zusatz d. Verf.), sondern die Analyse der Entstehung, Struktur und Vermeidung jener vielfältigen Formen der verborgenen Gewalt"[39].

In verschiedenen Veröffentlichungen wird *Gewalt* vornehmlich als Problem der Philosophie, Politologie, Soziologie und, ganz allgemein gesprochen, der Sozialwissenschaften ausgewiesen[40].

---

[37] vgl. GALTUNG 1978, 9.
[38] NICKLAS 1984, 239.
[39] NICKLAS 1984, 239 (Auslassungen durch d. Verf.).
[40] vgl. in diesem Zusammenhang u.a. die Beiträge von RAMMSTEDT 1974 a, RÖTTGERS/SANER 1978, CALLIESS 1983, STEINWEG 1983, 1984, SCHÖPF 1985 und HONIG 1992.

Erst über die Bemühungen von HORN[41] als Vertreter der Kritischen Psychoanalyse und der Politischen Psychologie werden gesellschaftliche Ursachen und Bedingungen in die Diskussion der bis zu dieser Zeit vorherrschenden, eher individualistisch ausgerichteten Aggressionsforschung der Psychologie eingebracht[42].

Unter der Überschrift „Die politische Gewalt aus philosophischer und ideologischer Sicht" wird in der Brockhaus Enzyklopädie (1989) u.a. angeführt, daß „Gegenstand der Friedens- und Konfliktforschung (...) neben der Gewalt zwischen einzelnen und Gruppen ('personale Gewalt') v.a. die 'strukturelle Gewalt' (sei, Zusatz d. Verf.), definiert als immanent vorgegebene Gewalt, in all den gesellschaftlichen Systemen, die die volle Entfaltung der individuellen Anlagen durch eine ungleiche Verteilung von Eigentum und Macht verhindern (J. Galtung). Diesem erweiterten Gewalt-Begriff, der nun mit dem Tatbestand der 'sozialen Ungerechtigkeit' gleichgesetzt wird, entspricht der Begriff Frieden in der Bedeutung von 'sozialer Gerechtigkeit'. Unter dem Aspekt struktureller Gewalt wird verstärkt das Abhängigkeitsverhältnis zwischen Industrie- und Entwicklungsländern, die Ausbeutung natürlicher Ressourcen und die Belastung der Umwelt mit Schadstoffen diskutiert"[43].

In der neueren soziologischen und politikwissenschaftlichen Diskussion werden Ausdrücke wie beispielsweise *aktive* und *passive Gewalt, personale* und *strukturelle Gewalt, latente* und *manifeste Gewalt* verwendet.

So schreibt NARR (1983) in seinem „Annäherungsversuch an den Begriff der Gewalt" u.a., Gewalterscheinungen seien „proteusartig gestaltenreich. Physische, psychische, ökonomische Varianten begegnen, ohne daß man sie allzu rasch auf einen Nenner bringen dürfte. Es sei denn, man erkaufe begriffliche Klarheit und Eindeutigkeit damit, daß man ganze Dimensionen der sozialen Wirklichkeit aussparte"[44].

---

[41] vgl. u.a. HORN 1974, 1978, 1979, 1982, 1985.
[42] vgl. u.a. PILZ 1982, 261 f.
[43] Brockhaus Enzyklopädie 1989, 455 (Auslassungen durch d. Verf., Abkürzungen wurden ausgeschrieben).
[44] NARR 1983, 51.

RÖTTGERS (1974) skizziert in seinen „Andeutungen zu einer Geschichte des Redens über die Gewalt" den historischen Bedeutungswandel von *Gewalt:*

„Das deutsche Wort 'Gewalt' korrespondiert der indogermanischen Wurzel val- (lat. valere) und bedeutet ursprünglich: Verfügungsfähigkeit haben. Soweit die Verhältnisse im Germanischen rekonstruierbar sind, scheint 'Gewalt' kein Rechtsterminus gewesen zu sein, sondern eine Qualität, die zu der Freiheit eines 'Freien' gehörte. Nur in Konfliktfällen konnte Gewalt die Grenze des rechtlich Zulässigen überschreiten, das hing aber nicht von der Gewalt ab, also etwa den zur Anwendung kommenden Gewaltmitteln oder den Gewaltzwecken, sondern von hinzutretenden Umständen, die als solche Unrechtscharakter hatten, etwa Hinterhältigkeit. So sind Gewalt und Recht so wenig Gegensatzbegriffe, daß lat. 'ius' zuweilen durch 'Gewalt' wiedergegeben werden konnte, dann nämlich, wenn 'ius' ein Verfügungsrecht beinhaltete. Mit der germanischen Terminologie harmonisierte jedoch die römisch-rechtliche so wenig, daß das deutsche Wort 'Gewalt' zur Übersetzung der verschiedensten lateinischen Wörter diente: imperium, sceptrum, maiestas, tyrannis, auctoritas, ius, bracchium, potestas, potentia, licentia, vis, virtus, fortitudo, violentia. Für potestas ist zunächst 'Gewalt' die bevorzugte Wiedergabe; daneben gab es aber im Deutschen die Wörter 'Macht' und 'Kraft' - vor allem 'Macht' entwickelte sich im Mittelalter zu einer semantischen Konkurrenz für 'Gewalt'; das hatte zur Folge, daß 'Gewalt' im Begriff der violentia einen zweiten semantischen Schwerpunkt bildete. Diese Ambivalenz des Gewaltbegriffs (potestas - violentia) bestimmt dessen Geschichte bis heute"[45].

In dem Politik-Lexikon von HOLTMANN (1991) wird unter *Gewalt* die „Anwendung physischen und/oder psychischen Zwanges gegenüber Personen mit dem Ziel (verstanden, Zusatz d. Verf.), diesen Schaden zuzufügen oder ihnen gegenüber den eigenen Willen durchzusetzen, insbesondere um andere der eigenen

---

[45] RÖTTGERS 1974, 159.

Herrschaft zu unterwerfen, bzw. sich selbst einem solchen Fremdanspruch zu entziehen"[46].

In dem von LIPPERT und WACHTLER (1988) herausgegebenen „Handwörterbuch Frieden" unternimmt NARR den Versuch, das soziale Phänomen *Gewalt* zu typologisieren. Die von ihm dabei getroffene Unterscheidung der verschiedenen Gewalt-Arten besitze nach seinen Aussagen „analytischen Sinn, sie darf aber nicht eine Sekunde lang als 'die' Wirklichkeit selber mißverstanden werden"[47].

NARR (1973) betont bereits im Jahre 1973 die Forderung nach der Erarbeitung eines Gewaltbegriffes, der „die Auswahl der Phänomene nicht von vornherein begrenzt, wie der auf physische Gewalt/Vergewaltigung allein abgestellte Begriff"[48], andererseits dürfe der Gewaltbegriff aber nicht „ins Uferlose" ausgedehnt werden.

Während NARR (1973) zwischen *institutionalisierter* und *nicht-institutionalisierter*, d.h. *staatlicher* und *nicht-staatlicher Gewalt* unterscheidet, vertritt HORN (1973) die Unterscheidung zwischen *nicht-legalisierter Gewalt* (violence) und *legalisierter, staatlicher Gewalt*[49].

Später unterscheidet NARR (1988) zwischen *physischer Gewalt* (als unmittelbar sinnlich erfahr- und faßbarer Form von *Gewalt*), *psychischer Gewalt* (als schwer oder nicht eindeutig faßbarer Form von *Gewalt*), *ökonomischer Gewalt* (im Sinne von sozialer Ungerechtigkeit) und *bürokratisch-technischer Gewalt* (im Sinne einer Bürokratisierung aller Lebensbereiche)[50].

GALTUNG, der Begründer des Konzeptes der sogenannten *strukturellen Gewalt*, unterscheidet in seiner „Typologie der Gewalt" u.a. zwischen *physischer* und *psychischer Gewalt*, zwischen *personaler* oder *direkter Gewalt* (mit handelndem,

---

[46] HOLTMANN 1991, 214.
[47] NARR 1988, 166.
[48] NARR 1973, 15 f.
[49] vgl. HORN 1973, 310.
[50] vgl. NARR 1988, 158-175.

Gewalt ausübendem Subjekt) und *struktureller* oder *indirekter Gewalt* (systemimmanent, ungleiche Machtverhältnisse und ungleiche Lebenschancen).

Mit *physischer Gewalt* füge man nach GALTUNG (1975) Menschen physischen Schmerz zu, die extreme Form sei das Töten.

Der grundlegende Unterschied zwischen dieser Form von *Gewalt* gegenüber der psychisch wirkenden bestehe darin, daß die letztere Form „auf die Verminderung der geistigen Möglichkeiten"[51] abziele, wobei sich *psychische Gewalt* u.a. in Form von Lügen, Drohungen und Isolation äußern könne[52].

Die zweite von GALTUNG vorgenommene Unterscheidung, die jedoch im Rahmen des vorliegenden Einführungsbandes eher von untergeordneter Bedeutung ist, bestehe zwischen negativer und positiver Einflußnahme[53].

Eine dritte Unterscheidung müsse nach Aussagen von GALTUNG in bezug auf das Objekt vorgenommen werden, die Frage also, ob ein Objekt existiere, das verletzt worden sei, oder nicht.

Die Androhung *physischer Gewalt* und die indirekte Androhung wie beispielsweise Atomwaffen-Versuche, die zwar nicht Gewaltanwendung in dem Sinne darstellten, daß eine Person geschlagen oder verletzt würde, bedeute aber nach Meinung GALTUNGs, daß Menschen in ihrem Handlungsspielraum eingeschränkt würden. Somit läge nach der GALTUNG'schen Definition von *Gewalt* auch eine Form psychischer Gewaltanwendung vor[54].

Die vierte und nach GALTUNG als am wichtigsten anzusehende Unterscheidung betrifft die Frage des Subjekts: Gibt es ein handelndes Subjekt, einen aktiv handelnden Menschen, oder nicht?

Der Typus von *Gewalt*, bei dem es einen oder mehrere Handelnde(n) gäbe, werde als *personale* oder *direkte Gewalt* bezeichnet, die *Gewalt* ohne einen oder mehrere Handelnde(n) als *strukturelle* oder *indirekte Gewalt*[55].

---

[51] GALTUNG 1975, 9 ff.
[52] vgl. GALTUNG 1975, 11 f.
[53] vgl. GALTUNG 1975, 11 f.
[54] vgl. GALTUNG 1975, 12.
[55] vgl. GALTUNG 1975, 12 f.

Während die *personale Gewalt* immer auf eine handelnde, *Gewalt* ausübende Person zurückzuführen sei, trete bei der *strukturellen Gewalt* nach Aussagen GALTUNGs (1975) „niemand in Erscheinung, der anderen direkt Gewalt zufügen könnte; die Gewalt ist in das System eingebaut und äußert sich in ungleichen Machtverhältnissen und folglich in ungleichen Lebenschancen"[56].

Die fünfte Unterscheidung müsse nach GALTUNG (1975) zwischen *intendierter* und *nicht-intendierter Gewalt* getroffen werden. Diese Unterscheidung sei dann von besonderer Bedeutung, wenn über die Frage von Verantwortung und Schuld entschieden werden soll[57].

Eine weitere Unterscheidung müsse nach GALTUNG (1975) getroffen werden zwischen der *manifesten* und der *latenten Gewalt*.

Manifeste Gewalt, sei sie nun personal oder strukturell, werde sichtbar (auch wenn nicht direkt sichtbar), „da die theoretische Gesamtheit der 'potentiellen Verwirklichung' auch noch zum Bild gehört"[58].

Latente Gewalt hingegen sei etwas, was noch nicht gegenwärtig sei, jedoch jederzeit zum Vorschein kommen könne[59].

„Damit", so schließt GALTUNG (1975) seine Bemerkungen, „ist unsere Liste der Dimensionen von Gewalt abgeschlossen, obwohl noch einige mehr genannt werden könnten. (...) Strukturelle Gewalt ohne Objekte ist auch eine sinnvolle Konzeption; (...) Personale Gewalt hat ihre Bedeutung als Drohung, als Demonstration, selbst wenn sie niemanden trifft, und strukturelle Gewalt hat auch ihren Sinn als Konzept, als eine abstrakte Form ohne gesellschaftliches Leben, die dazu benutzt wird, Menschen so zu bedrohen, daß sie sich unterwerfen: wenn du nicht brav bist, werden wir alle die häßlichen Strukturen, die wir früher hatten, wieder einführen müssen"[60].

---

[56] GALTUNG 1975, 12.
[57] vgl. GALTUNG 1975, 14.
[58] GALTUNG 1975, 14.
[59] vgl. GALTUNG 1975, 15.
[60] GALTUNG 1975, 15 (Auslassungen durch d. Verf.).

Die Thesen von GALTUNG zur *strukturellen Gewalt* können als zentrales Anliegen zur Entwicklung eines positiven Friedensbegriffes angesehen werden. GALTUNG (1970) versteht unter Frieden „nicht nur Abwesenheit von direkter Gewaltanwendung, sondern ebenso Abwesenheit von struktureller Gewalt. Damit meine ich (GALTUNG spricht von sich selbst, Zusatz d. Verf.) eine Form von Gewalt, die in der sozialen Struktur eingebaut ist, und welche die gesellschaftlichen Chancen von wenigen erhöht und die Möglichkeiten vieler vermindert"[61].

Gewalt liege nach Aussagen GALTUNGs (1975) dann vor, „wenn Menschen so beeinflußt werden, daß ihre aktuelle somatische und geistige Verwirklichung geringer ist als ihre potentielle Verwirklichung"[62], dabei könne *Gewalt* als „etwas Vermeidbares, das der menschlichen Selbstverwirklichung im Wege steht"[63], angesehen werden.

In dieser Bedeutung ist der von GALTUNG geprägte Begriff der *strukturellen Gewalt* in einer nahezu als „inflationär" zu bezeichnenden Weise insbesondere in die in den 70er Jahren blühenden Bemühungen der *Gesellschaftskritik* aufgegriffen und in die auf Dramatisierung sozialer und gesellschaftlicher Mißstände aufbauende Diskussion verschiedener Protestbewegungen aufgenommen worden[64].

Neben HORN und GALTUNG hat vor allem ELIAS vor einer drohenden Verkürzung des Aggressions- und Gewaltbegriffes auf individualpsychologische Aspekte und der damit einhergehenden Ausblendung gesellschaftlicher Bedingtheit von Aggression und *Gewalt* gewarnt[65].

Insbesondere den Bemühungen von HORN (1973) ist die Einsicht zu verdanken, daß im Rahmen einer überzeugenden Aggressions- und Gewaltforschung neben

---

[61] Johan GALTUNG, Brief an den Geschäftsführer des Wissenschaftszentrums Berlin. In: Gewaltfreie Aktion, Heft 4/1970, 53 ff.; hier zitiert nach Mir A. FERDOWSKI, Der positive Frieden. Johan Galtungs Ansätze und Theorien des Friedens, München 1981, 96; in WASCHKUHN 1985, 282.
[62] GALTUNG 1975, 9.
[63] GALTUNG 1978, 11.
[64] vgl. u.a. NEIDHARDT 1986, 129 f.
[65] vgl. u.a. ELIAS 1977 a, 1978, GALTUNG 1971, 1975, 1978; vgl. auch VOLLMERG 1977.

individual-psychologischen auch historisch-kulturellen und gesellschaftlichen Bedingungen gewalttätigen Handelns Beachtung geschenkt werden müßte; dazu seien multidimensionale Erklärungsansätze wie auch multiperspektivische Sichtweisen berücksichtigende Interpretationen erforderlich[66].

Einen dieser multiperspektivischen Ansätze bietet ELIAS mit seiner Theorie der sozialen Prozesse, der sogenannten *Zivilisationstheorie*, an, mit deren Hilfe er anhaltende Entwicklungen des Zivilisationsprozesses, langfristige Veränderungstendenzen von Persönlichkeitsstrukturen und der sogenannten „sozialen Kanons" zu beschreiben versucht[67].

Eine der Grundlagen für die Beantwortung von Fragen zur Gewaltproblematik, folgte man den Ausführungen von ELIAS, sei die Einbeziehung überdauernder Trends gesellschaftlicher Entwicklung, wobei ELIAS vom Wandel der Gesellschaft als „Normalfall" ausgeht[68].

Die folgenden grundlegenden Erkenntnisse der Zivilisationstheorie von ELIAS scheinen in diesem Zusammenhang von besonderer Bedeutung zu sein:

- Nach Aussagen von ELIAS (1977) zeichnet sich im Laufe des Zivilisationsprozesses eine Entwicklung ab, innerhalb derer kulturelle und gesellschaftliche Verhaltensstandards die individuellen, in früheren Zeiten wesentlich unverhüllter ausgelebten und in unvermittelter Weise zu Tage tretenden Affekte und Emotionen immer stärker zurückdrängen[69].
- Der Wandel sozialer Kanons sei nach Aussagen von PILZ (1982) in Anlehnung an die Ausführungen von ELIAS „Ursache von Verschiebungen der Machtbalancen, hier vor allem von Machtverlagerungen zwischen Eltern und Kindern und zwischen den Geschlechtern"[70].
- Nach Erkenntnissen von ELIAS (1977) hat sich während der vergangenen fünfhundert Jahre ein Wandel von als schrecklich zu bezeichnenden zu eher

---

[66] vgl. HORN 1973, 347.
[67] vgl. ELIAS 1970, 1971, 1972, 1977 a, 1977 b, 1978.
[68] vgl. ELIAS 1978, 37 ff.; vgl. auch HORN 1979, NARR 1973, 1974.
[69] vgl. ELIAS 1977 a, 263 ff.
[70] PILZ 1982, 51; vgl. auch ELIAS 1971, 72.

gemäßigteren Formen der *Gewalt* sowie einer dementsprechend größeren Kontrolle von *Gewalt* vollzogen. Dieser Entwicklungstrend lasse sich anhand der sich im Verlaufe des Zivilisationsprozesses beobachtbaren Zunahme der Fürsorge der Eltern ihren Kindern gegenüber veranschaulichen[71].

Die gesellschaftliche Kontrolle der Affekte durch die Monopolisierung von *Gewalt* ermöglichte die im Laufe des Zivilisationsprozesses zunehmende Tabuisierung physischer Gewaltanwendung.

Nach Aussagen von PILZ (1982), der auf der Folie der ELIAS'schen Zivilisationstheorie Wandlungstendenzen von *Gewalt im Sport* zu beschreiben sucht, erweist sich *Gewalt* als „ein Produkt historischer Entwicklung"[72], in deren Folge die Veränderungen gesellschaftlicher Strukturen „auch zu einer Veränderung der gesellschaftlichen Persönlichkeitsstrukturen (führten, Zusatz d. Verf.). Der Zivilisationsprozeß kann so gesehen als ein Prozeß zunehmender Selbstkontrolle der Menschen interpretiert werden"[73].

- Eine der für den weiteren Argumentationsgang des vorliegenden Einführungsbandes bedeutsam werdende Erkenntnis auf der Grundlage der Untersuchungen von ELIAS ist die Einsicht, daß die akademische Trennung von Menschenwissenschaften in Psychologie, Soziologie, Geschichte u.a. überwunden werden und „die Interdependenz sozialer Strukturen und gesellschaftlicher Persönlichkeitsstrukturen sowie deren steter Wechsel in die Betrachtungen und Analysen einbezogen werden"[74] müsse.

In dem Arbeitszusammenhang der Entwicklung erster, vorläufiger Begriffsbestimmungen von *psychischer Gewalt gegen Kinder* scheint die von WOLFF (1986) getroffene Unterscheidung grundlegende Bedeutung zu gewinnen, nach

---

[71] vgl. ELIAS 1977 a, 263 ff.
[72] PILZ 1982, 60.
[73] PILZ 1982, 60 f.
[74] PILZ 1982, 62.

der *Kindesmißhandlung im engeren Sinne* von *Kindesmißhandlung im weiteren Sinne* abgegrenzt wird[75].

Während unter dem Begriff *Kindesmißhandlung im engeren Sinne* der nichtzufällige, verletzende oder schädigende Prozeß und Vorgang verstanden wird, „der ein Kind aktuell und in seiner weiteren Entwicklung (das Kindeswohl) gefährdet und beeinträchtigt", wird unter dem Begriff *Kindesmißhandlung im weiteren Sinne* nach WOLFF (1986) „die Gesamtheit der schädigenden Lebensbedingungen (zusammengefaßt, Zusatz d. Verf.), die dazu führen, daß das Recht eines Kindes auf Leben, Erziehung und Förderung beschnitten wird"[76].

So kann unter *Gewalt gegen Kinder* vor dem Hintergrund der angestellten Überlegungen in Anlehnung an WITTENHAGEN/WOLFF (1980) in Abgrenzung zu Unfällen als nicht zufällig bezeichenbare, bewußte oder unbewußte, das körperliche und/oder seelische Wohlergehen von Kindern in Familien und/oder Institutionen (z.B. Kindergarten, Schule, Heime) beeinträchtigende gewaltsame Handlungen oder Unterlassungen verstanden werden, die zu Verletzungen und Entwicklungshemmungen führen sowie die Rechte von Kindern verletzen können[77].

2.3. Zur Geschichte der Erforschung von *Kindesmißhandlung* und *Gewalt gegen Kinder*

Im Rahmen der Betrachtung ausgewählter, in der wissenschaftlichen Literatur vorfindlicher Erklärungsansätze von *Kindesmißhandlung* und *Gewalt gegen Kinder* wird u.a. deutlich, daß die Definitionsversuche je nach Herkunft der betreffenden Fachwissenschaftler in qualitativ-inhaltlicher Hinsicht unterschiedlich ausfallen.

---

[75] vgl. WOLFF 1986 a, 17 f.
[76] WOLFF 1986 a, 17.
Was im einzelnen das „Recht eines Kindes auf Leben, Erziehung und Förderung" ausmacht, kann nicht verallgemeinernd definiert werden, zu sehr zeichnen sich Vorstellungen zu einem lebenswerten Dasein, zu Erziehung und Förderung als abhängig von subjektiven, nicht objektivierbaren Bewertungskriterien des einzelnen Betrachters aus; vgl. auch Kap. 3.1. des vorliegenden Einführungsbandes.
[77] vgl. WITTENHAGEN/WOLFF 1980, 7.

So gehen Begriffsbestimmungen von Erziehungswissenschaftlern, Soziologen, Psychologen und Kinderärzten, die sich mit den Problembereichen *Kindesmißhandlung* und *Gewalt gegen Kinder* beschäftigen, weit über die strafrechtlichen Bestimmungen hinaus.

Während in den eher monokausal ausgerichteten Erklärungsansätzen von gerichtsmedizinischer und strafrechtlicher Seite noch bis in die 70er Jahre hinein Bemühungen sichtbar werden, das gewohnheitsrechtlich bestehende elterliche Züchtigungsrecht gegenüber der Kinder schädigenden, sie in ihrer Entwicklung hemmenden oder beeinträchtigenden *Mißhandlung* abzugrenzen, d.h. eine prinzipielle Unterscheidung zwischen einer gesellschaftlich tolerierten, „maßvollen" Züchtigung von Kindern und der Straftat *Kindesmißhandlung* vorzunehmen, andererseits sogenannte „fließende Übergänge" von „noch vertretbarer Kindeszüchtigung und schon strafwürdiger Kindesmißhandlung"[78] vermutet werden, wird beispielsweise in der Untersuchung von PETRI und LAUTERBACH (1975) der Versuch unternommen, die nach Meinung der Verfasser symptomatisch erscheinenden Ausdrucksformen von *Gewalt gegen Kinder*, die *Prügelstrafe* und die *Kindesmißhandlung*, „aus einem allgemeinen Gewaltzusammenhang in der Erziehung abzuleiten"[79].

PETRI und LAUTERBACH (1975) gehen im Zuge ihrer Untersuchung von der Annahme aus, *Prügelstrafe* und *Kindesmißhandlung* könnten nicht prinzipiell unterschieden werden, sondern stellten „lediglich unterschiedliche Varianten der physischen Gewalt gegen Kinder"[80] dar.

Innerhalb der Bemühungen um Ursachenforschung zu den Problembereichen *Kindesmißhandlung* und *Gewalt gegen Kinder* konnte die Forensische Psychiatrie vor allem wegen des von den Sozial- und Erziehungswissenschaften sowie der Psychologie gezeigten Desinteresses über Jahrzehnte eine herausragende Stellung einnehmen.

---

[78] vgl. z.B. SCHNEIDER 1975, 640 f.
[79] PETRI/LAUTERBACH 1975, 7.
[80] PETRI/LAUTERBACH 1975, 7.

Insbesondere im Rahmen der sogenannten individualisierenden Forschungsansätze wurde *Kindesmißhandlung* als Randerscheinung, als Ausnahmefall zu einem ansonsten als „intakt" angesehenen Verhältnis von Erwachsenen und Kindern verstanden.

Den sogenannten „Tätern" wurde individuell die gesamte, die alleinige Verantwortung an dem Entstehen und Ausleben von Gewalthandlungen zugewiesen; die „Täter" wurden vielfach als Psychopathen bezeichnet, als außerhalb gesellschaftlicher und sozialer Normen stehende „kranke Persönlichkeiten".
Damit wurden mögliche gesellschaftliche Einflüsse auf die Entstehung von *Gewalt* nicht in die Bedingungsanalyse einbezogen.

Das *Modell des abnormen Täters* kommt aufgrund vorurteilstragender Vorannahmen und teilweise „rassistisch-biologischer Ideologien"[81] zu dem Ergebnis, *Kindesmißhandlung* sei ein Problem sozialer Randgruppen.
Nach Worten von PETRI und LAUTERBACH (1975) könne dieser Ansatz dadurch gekennzeichnet werden, daß Kindesmißhandler „'in erster Linie Gewalttätige, Primitive (seien, Zusatz d. Verf.). Dazu zählen die Reizbaren, abnormen Psychopathen, die Trinker und Asoziale. Trinker sind Asoziale und primitive, gewalttätige Menschen, da Asoziale meistens trinken und primitiv sind, genauso wie die Psychopathen zu Alkohol und Asozialität neigen und meistens in ganz primitiver Form gewalttätig werden'"[82].

Obwohl vereinzelt auch strukturelle Faktoren, die Gewaltverhalten in seinen Ursprüngen mitbegünstigen können, genannt werden, überwiegt die Vorstellung individuell-personaler Verantwortlichkeit für das Entstehen von *Gewalt* im familialen Zusammenhang.

In diesem Erklärungsansatz finden gesellschaftlich verbreitete Vorurteile über *Kindesmißhandlung* ihre scheinbar wissenschaftliche Begründung.

---

[81] BUJOK-HOHENAUER 1982, 27.
[82] PETRI/LAUTERBACH 1975, 44.

In der Folge kommt es zu einer Marginalisierung des Problems, in deren Zuge wiederum die *Gewalt* ausübenden Personen zu Psychopathen abgestempelt werden. Mit Hilfe dieses Denkansatzes werden Möglichkeiten geschaffen, den gegen andere erhobenen Vorwurf der Mitverantwortung beim Entstehen gewalttätiger Verhaltensweisen abzuwehren sowie die *Gewalt* zumindest mitprägenden Einflüsse gesellschaftlicher Lebensbedingungen auszublenden.

In dem grundlegend auf Arbeiten von AMMON (1979) aufbauenden Erklärungsmodell wird *Kindesmißhandlung* aus der sogenannten „Borderline"-Persönlichkeit heraus erklärt, während soziokulturelle und sozio-ökonomische Verhältnisse der Familie weitgehend außer Betracht bleiben. Sie werden nur dann berücksichtigt, wenn sie über die Sozialisation der Eltern vermittelt werden. Auch bei dem Erklärungsansatz von AMMON (1979) wird Gewaltverhalten als „individuelle Tat einer sich außerhalb gesellschaftlicher Normen befindlichen Persönlichkeit"[83] verstanden.

Während in dem *Modell des abnormen Täters* die Tendenz zur Kriminalisierung offenkundig wird, wird bei AMMON (1979) das Problem verärztlicht, wobei AMMON (1979) der mißhandelnden Person keine Schuld zuweist. Er spricht sich für eine verständnisvolle und mitfühlende Haltung gegenüber den Eltern aus, die ihre Kinder körperlich und seelisch mißhandelt haben, denn „gesellschaftliches Handeln nach dem 'Sühneprinzip' oder ein konsequenzloses 'Verstehen' schaffen keine Abhilfe. Verstehen in unserem Sinne heißt: Eltern und Kindern die Hilfe anzubieten, mit der sie sich verändern können; den sichersten Schutz für das Kind stellen nicht Ordnungsmaßnahmen dar, sondern eine erfahrungsfähige Familiengruppe, die eine kreative Entwicklung ermöglicht, eingebettet in einen gruppendynamisch offenen Zusammenhang von Beziehungen in einem gesamtgesellschaftlichen System von Gemeinschaft"[84].

---

[83] BUJOK-HOHENAUER 1982, 33.
[84] AMMON 1979, 101.

In der Geschichte der Erforschung der Phänomene *Kindesmißhandlung* und *Gewalt gegen Kinder* lassen sich ab etwa Mitte der 70er Jahre in verstärktem Maße Bemühungen finden, gesellschaftliche sowie gesellschaftlich bedingte, strukturelle Probleme in die Bedingungsanalyse einzubeziehen.

In diesem Zusammenhang erfahren insbesondere die Veröffentlichungen des Friedensforschers GALTUNG mit seinem Konzept der *strukturellen Gewalt* Bedeutung[85].

Den ersten explizit sozialpädagogisch ausgerichteten Forschungsbericht im deutschsprachigen Raume stellt die Veröffentlichung von MENDE und KIRSCH aus dem Jahre 1968 dar.

Die Verfasserinnen weisen darin immer wiederkehrende gefährdende Umstände wie soziale Notstände (unzureichendes Einkommen, Wohnverhältnisse, Berufswechsel, Alkoholismus, Krankheiten), aber auch Persönlichkeitsmerkmale der Eltern und ihre sozialen Beziehungen als *Gewalt* fördernde Belastungsmomente aus.

Der Ansatz von MENDE und KIRSCH (1968) stellt einen ersten Versuch dar, sozio-ökonomische, strukturelle und personale Einflußfaktoren in die Bedingungsanalyse von *Gewalt gegen Kinder* einzubeziehen; damit wird die Ebene monokausal ausgerichteter Erklärungsmodelle verlassen[86].

Die wissenschaftlichen Bemühungen von WOLFF im Rahmen der Entwicklung seines multidimensionalen Erklärungsansatzes von *Gewalt gegen Kinder* führten im deutschsprachigen Raume sowohl in theoretischer wie praktischer Hinsicht (damit ist u.a. die praktische Kinderschutz-Arbeit gemeint) zu einem „Aufbrechen überkommener Traditionen und machte einen offeneren, weniger voreingenommenen und weniger einseitigen Umgang mit familialen Gewaltproblemen möglich"[87].

---

[85] vgl. GALTUNG 1975, 1978.
[86] vgl. auch BRÜNINK et al. 1979, CLAASSEN/RAUCH 1980, SARTORIUS 1979.
[87] BUJOK-HOHENAUER 1982, 40.

Der Erklärungsansatz von WOLFF, dem ein explizit gesellschaftliches Verständnis von *Gewalt gegen Kinder* zugrundeliegt, stellt einen multidimensionalen Ansatz zur Erklärung des Gewaltproblems in der Familie dar, der die monokausal ausgerichteten Erklärungsmodelle mit ihrer ausschließlich individualisierenden Perspektive der Täter-Opfer-Beziehung überwindet.

WOLFF sieht in dem Phänomen *Gewalt gegen Kinder* nicht mehr nur den Ausdruck der pathologischen Persönlichkeitsstrukturen der (miß-)handelnden Person(en), sondern stellt es in einen umfassenden gesellschaftlichen Zusammenhang mit den Themenbereichen Gewaltförmigkeit struktureller Lebensbedingungen und Gewalttätigkeit innerhalb sozialer Beziehungen.

Wesentliche Bedeutung im Zusammenhang mit den von ihm angestellten Überlegungen kommt der von WOLFF (1986) vorgenommenen Unterscheidung zu, nach der *Kindesmißhandlung im engeren Sinne* von *Kindesmißhandlung im weiteren Sinne* inhaltlich abzugrenzen sei[88].

Auch die multidimensionalen Erklärungsansätze von KOERS und GELLES[89], die sich am Begriff der *Krise* orientieren, stehen nicht mehr in der Tradition der auf Monokausalität und Linearität aufbauenden Erklärungsmodelle der 60er und 70er Jahre, sondern stellen Versuche dar, die Gesamtheit der in einer *Krise* zusammentreffenden Belastungs- bzw. Risikofaktoren für das Entstehen gewalttätigen Verhaltens innerhalb von Familien sowie deren spezifische Abhängigkeiten und Bedingungsgefüge zu erfassen.

Mit der Einführung des Begriffes *Erziehungsgewalt* begründet PETRI (1989) einen Erklärungsansatz von *Gewalt gegen Kinder*, in dessen Rahmen individualpsychologische, familien-dynamische und sozial-strukturelle Einflußfaktoren zur Erklärung gewaltförmiger Interaktionen im Prozeß der Erziehung herangezogen

---

[88] vgl. WOLFF 1986 a, 17 f.; vgl. auch Kap. 2.2. des vorliegenden Einführungsbandes.
[89] Neben diesen bestehen noch andere wie beispielsweise der *sozial-ökologische* oder *ökopsychologische Ansatz*, deren grundlegende Überlegungen u.a. auf die Arbeiten von BRONFENBRENNER 1983 und MOGEL 1984 aufbauen; vgl. auch ZIEGLER 1990, 73 ff.

werden[90]. Dabei unterscheidet PETRI (1989) zwischen den Phänomenen der *personalen* und *strukturellen Gewalt*, wobei er jedoch immer wieder den dialektischen Zusammenhang betont.

Bei kritischer Betrachtung einer Auswahl in der deutschsprachigen Literatur vorfindlicher Erklärungsansätze zu den Problembereichen *Kindesmißhandlung* und *Gewalt gegen Kinder* wird deutlich, daß systematische Ursachenforschung nur mit Hilfe eines multidimensionalen Erklärungsmodelles möglich erscheint.

Die Vielfalt und Vielzahl einzeldisziplinär ausgerichteter Ansätze deutet die Multidimensionalität von *Gewalt gegen Kinder* an, wobei eine dem Problem angemessene Bedingungsanalyse letztendlich nur unter ausreichender Berücksichtigung soziologischer, (sozial-)pädagogischer, psychologischer und kulturanthropologischer Aspekte möglich zu sein scheint.

Im Zuge der Geschichte der Erforschung *familialer Gewalt* wird die Tendenz sichtbar, von den die ersten Erklärungsversuche kennzeichnenden, monokausal ausgerichteten Theorien zu eher multidimensionalen, die Komplexität gesellschaftlicher, sozialer, politischer und kulturhistorischer Bedingungen berücksichtigenden, auf breiter sozialwissenschaftlicher Basis aufbauenden Erklärungsmodellen überzugehen.

Diese Verschiebung der Forschungsinteressen läßt sich anhand der Begriffsgeschichte von *Kindesmißhandlung* und *Gewalt gegen Kinder* veranschaulichen:

Mit dem Begriff *Kindesmißhandlung* wird, das wird u.a. durch die Betrachtung zu unterschiedlichen Zeiten anerkannter wissenschaftlich begründeter Erklärungsansätze deutlich, eine bestimmte Täter-Opfer-Beziehung suggeriert, die ansetzt an den Überlegungen individualisierender Theorien zur Entstehung von Gewaltphänomenen gegenüber Kindern.

Nach Aussagen von BRINKMANN (1984) kann *Kindesmißhandlung* als „demonstrativer Sammelbegriff für grausame Qualen, die Kinder, ausgeliefert an unberechenbare, 'abartige Täter' erleiden (, angesehen werden, Zusatz d. Verf.);

---

[90] vgl. PETRI 1989, 11.

über der einlinigen, schwarz-weißen Täter-Opfer-Perspektive wird der Blick von gewaltförmigen Umweltbedingungen und latenten Abhängigkeitsstrukturen abgelenkt"[91].

Darüber hinaus, auch das zeigt die kritische Analyse von Erklärungsversuchen aus den 60er und 70er Jahren, wird mit dem Begriff *Kindesmißhandlung* überwiegend die *physische Mißhandlung von Kindern* durch ihre Eltern oder Erziehungsberechtigten verbunden.

Psychische Aspekte von *Mißhandlung* werden zwar im Zusammenhang mit möglichen Folgen von Gewalterfahrungen verschiedentlich angesprochen, werden aber nicht oder nur selten zum Gegenstand wissenschaftlicher Erörterungen und Untersuchungen gewählt[92].

Das Phänomen der *psychischen Mißhandlung* scheint mit den diesen Erklärungsansätzen zugrundegelegten wissenschaftlichen Methoden nicht faßbar zu sein.

Im Zuge einer wachsenden Sensibilität gegenüber Gewaltphänomenen in Erziehung, Gesellschaft und (internationaler) Politik[93] finden jedoch qualitativ andere Überlegungen Eingang in Erklärungsversuche von *Gewalt gegen Kinder*.

So plädiert beispielsweise BRINKMANN (1984) für die Einführung des Begriffes *Gewalt gegen Kinder* anstelle des der *Kindesmißhandlung*, da mit seiner Hilfe der soziale und der individuelle Aspekt von *Gewalt* aufeinander bezogen werden könnten[94].

Mit der Einführung des Begriffes *Gewalt gegen Kinder* wurde Mitte der 70er Jahre die Vorstellung verbunden, gesellschaftliche bzw. gesellschaftlich bedingte, strukturelle Probleme in die Bedingungsanalyse *familialer Gewalt* einbeziehen zu können[95].

---

[91] BRINKMANN 1984, 22.
[92] vgl. u.a. GRIES/VOIGT 1989, 44; vgl. auch LYNCH 1989, 59 ff.
[93] vgl. u.a. RASCHKE 1988².
[94] vgl. BRINKMANN 1984, 22 f.
[95] So nahm auch der Deutsche Kinderschutzbund (1982) einen Paradigma-Wechsel vor, als in der Vorbemerkung der Diskussionsgrundlage für das Jahresthema 1982 erklärt wird, „wir benutzen im Folgenden den Begriff 'Gewalt gegen Kinder' statt des Begriffes 'Kindesmißhandlung'. Damit wird ein weites Feld und ein anderes Verständnis der Lage

2.4. Zusammenfassung und Diskussion der (vorläufigen) Ergebnisse

Trotz aller berechtigten Kritik an der „inflationären" Ausdehnung der weitgefaßten Begriffsbestimmung von *Gewalt* bleibt GALTUNG der Verdienst zuzuschreiben, auf Formen *nicht-personaler Gewalt* hingewiesen zu haben[96], die in der Aggressions- und Gewaltforschung vor GALTUNG kaum oder nur in untergeordneter Weise Berücksichtigung fanden[97].

In der folgenden Zusammenfassung sollen die wichtigsten Ergebnisse sozialwissenschaftlicher Gewaltforschung kurz skizziert werden, in deren Rahmen auch den Dimensionen des GALTUNG'schen Gewaltbegriffes sowie den grundsätzlichen Überlegungen von HORN und ELIAS Rechnung getragen wird:

- Neben Formen *direkter personaler Gewalt*, die gekennzeichnet werden können durch ein handelndes Subjekt, werden Formen *indirekter struktureller Gewalt* sichtbar, die z.B. in ein gesellschaftliches System eingebettet sind. Beide Formen können ihren Ausdruck finden in den vielfältigen Erscheinungsformen *familialer Gewalt*.

- Weitgefaßte Begriffsbestimmungen weisen auf Möglichkeiten eines soziokulturell-gesellschaftlichen Verständnisses von *Gewalt gegen Kinder* hin.

- Seit Beginn der 70er Jahre läßt sich in der Bundesrepublik Deutschland vor dem Hintergrund des Einflusses der *Neuen Sozialen Protestbewegungen* eine im Wachsen befindliche Sensibilität gegenüber Gewaltphänomenen in Erziehung, Gesellschaft und Politik erkennen[98].

- Für den Bereich *Gewalt in der Familie* spielt der Prozeß der *Wiederentdeckung familialer Gewalt*[99] insofern eine bedeutende Rolle, als politische Initiati-

---

von Kindern angesprochen. Dieser begriffliche Wechsel ist notwendig und sinnvoll, denn er stellt das Schicksal, das Kinder in ihren Familien erleiden, in einen gesellschaftlichen Zusammenhang und verspricht auch, besser zu erklären, was mit Kindern geschieht und warum" (DKSB 1982, 1).

[96] vgl. u.a. HENNIG 1989, 61 ff.
[97] Zum Forschungsstand *Gewalt* vor den Untersuchungen von GALTUNG vgl. u.a. HORN 1978.
[98] vgl. u.a. NICKLAS 1988, RASCHKE 1988².
[99] vgl. BACON 1982, HONIG 1992, PFOHL 1983.

ven zur Enttabuisierung und Skandalisierung der Phänomene *Gewalt gegen Frauen* und *Gewalt gegen Kinder* führten[100].

- Hinsichtlich der Diskussion um familiale Gewaltphänomene läßt sich eine „Entgrenzung des Gewaltbegriffes"[101] beobachten, in deren Rahmen vor allem die *Frauenbewegung* die Begriffe *Gewalt gegen Frauen* und *Gewalt gegen Kinder* als „Kampfbegriffe (eingeführt habe, Zusatz d. Verf.), die sensibilisieren sollen für eine gesellschaftliche Wirklichkeit des Leidens und der Ungerechtigkeit"[102].

Die Verwendung eines „entgrenzten", skandalisierenden sowie vielfältige Bedeutungsfelder einschließenden, weitgefaßten Gewaltbegriffes scheint jedoch nicht unproblematisch zu sein, da zum einen durch ihn jede Ungerechtigkeit als *strukturelle Gewalt* definiert werden könne, er damit „konturlos und (...) letztlich unbrauchbar"[103] werde, zum anderen ständen nach Aussagen von FUCHS (1993) „mit den Begriffen 'Ausbeutung', 'Unterdrückung' und 'Entfremdung' Konzepte zur Verfügung, die das mit dem Begriff der strukturellen Gewalt in etwa Gemeinte ebenso kritisch, aber differenzierter und insofern informativer zu kennzeichnen erlauben"[104].

An der übermäßigen Ausdehnung des Begriffes *Gewalt* auf verschiedene in der sozialen Lebenswirklichkeit von Kindern und Jugendlichen auffindbare Phänomene wird zudem die Abhängigkeit der Definition von jeweils vorherrschenden ideologischen und weltanschaulichen Verflechtungen wie auch politischen Überzeugungen und zumindest teilweise erkennbar werdenden wissenschafts- und erkenntnistheoretischen Interessen sichtbar.

---

[100] vgl. u.a. HONIG 1992, 22 ff.
[101] KILMANSEGG 1978, 73; vgl. auch NEIDHARDT 1986, 122 f.
Nach Aussagen von NEIDHARDT (1986) liefen die „qualitativen Bedeutungsveränderungen, die sich abzeichnen, weit überwiegend auf eine 'Entgrenzung des Gewaltbegriffs' hinaus" (NEIDHARDT 1986, 122 f.).
[102] HONIG 1992, 23.
[103] CALLIESS 1983, 14 (Auslassungen durch d. Verf.).
[104] FUCHS 1993, 46.

Die Bildung eines wertneutralen Gewaltbegriffes, der auf einem breiten gesellschaftlichen und politischen Konsens sowie auf wissenschaftlich begründeten Erörterungen beruht, scheint nicht möglich zu sein, zu sehr erweisen sich jeweils vorgenommene Begriffsbestimmungen als abhängig von unterschiedlichen (Erkenntnis-)Interessen.

Auf der Grundlage von Ergebnissen (sozial-)wissenschaftlich ausgerichteter Gewaltforschung, die im vorliegenden Kapitel anhand verschiedener Erklärungsmodelle aus der wissenschaftlichen Literatur beispielhaft beschrieben wurden, lassen sich Entwicklungen herausarbeiten, die auf einen Wandel angewandter wissenschaftlicher Forschungsmethoden hindeuten, wie auch Spuren sich im Wandel befindlicher Wert- und Bewertungsmaßstäbe dessen erkennbar werden, was unter *Gewalt* und *Gewalt gegen Kinder* verstanden werden kann.

An dieser Stelle wird deutlich, daß es eine „richtige" oder „unrichtige" Begriffsbestimmung von *Kindesmißhandlung* und, im weitergefaßten Sinne, von *Gewalt gegen Kinder* nicht geben kann[105], zu sehr erweisen sich vorgenommene Begriffsbestimmungen als abhängig von zugrundegelegten, wissenschaftlichen Einzeldisziplinen zuzuordnenden Erkenntnisinteressen; zudem erlangen zu verschiedenen Zeiten vorherrschende gesellschaftliche und politische Einflußgrößen (Vorurteile, „öffentliche Meinung", Erkenntnisse wissenschaftlicher Forschung etc.) im Rahmen von Definitionsversuchen „begriffsbestimmende" Bedeutung.

Hinsichtlich der wissenschaftlichen Erforschung der Problembereiche *Kindesmißhandlung* und *Gewalt gegen Kinder* lassen sich unter Einbeziehung historischer, sozialer und (gesellschafts-)politischer Zusammenhänge u.a. dennoch folgende Entwicklungen festhalten:

- Bis in die 70er Jahre hinein läßt sich eine Vielzahl von Versuchen beobachten, das Phänomen *Kindesmißhandlung* auf der Grundlage gerichtsmedizinischer und strafrechtlich-kriminologischer Untersuchungen als Problem einzelner

---

[105] vgl. WITTENHAGEN/WOLFF 1980, 5.

„gestörter Persönlichkeiten" zu betrachten. Diesen Ansätzen wurde vornehmlich ein individuums-zentrierter Gewaltbegriff zugrundegelegt.

Über den Einfluß vor allem sozialwissenschaftlich ausgerichteter Gewaltforschung fanden statt der bis dahin vorherrschenden monokausalen Erklärungsmodelle ab etwa Mitte der 70er Jahre in zunehmendem Maße multidimensionale Ansätze Eingang in die wissenschaftliche Literatur.

Über den Weg der insbesondere in den 70er Jahren blühenden *Gesellschaftskritik*[106] wie auch über den Einfluß der sogenannten *Neuen Sozialen Protestbewegungen (Frauenbewegung, Friedensbewegung, Ökologiebewegung)* in den 70er und 80er Jahren wurde das Bewußtsein geweckt und die Erkenntnis gefördert, das Problem *Gewalt* in seinen gesamtgesellschaftlichen und politischen Zusammenhängen zu betrachten[107].

- Im Zuge dieser Entwicklungen wurden die Probleme *Gewalt gegen Frauen* und *Gewalt gegen Kinder* aufgrund von anfänglich auf subjektiven Erlebnissen mit *Gewalt* aufbauenden Veröffentlichungen vor allem betroffener Frauen und Kinder (Berichte aus Frauenhäusern und Kinderschutz-Zentren[108]) aus den bis dahin geltenden Tabuzonen befreit und öffentlich skandalisiert[109].

In einem zunächst die Angehörigen sozialer Berufsgruppen, später dann weite Teile der interessierten Öffentlichkeit umfassenden, oftmals als beispiellos bezeichneten Sensibilisierungsprozeß wurden die bis dahin tabuisierten Probleme *familialer Gewalt* öffentlich diskutiert.

Mit steigendem Sensibilisierungsgrad für Gewaltphänomene in Familie, Erziehung, Gesellschaft und Politik wird die Komplexität gesellschaftlicher, sozialer und politischer Einflußfaktoren innerhalb der Bemühungen zur Entwicklung

---

[106] vgl. u.a. NEIDHARDT 1986, 117 ff.
[107] vgl. u.a. NICKLAS 1988, RASCHKE 1988; vgl. auch BAST et al. 1975.
[108] vgl. in diesem Zusammenhang u.a. ERNST/STAMPFEL 1991, Gewalt gegen Frauen 1992, JUNGJOHANN 1991, NAWRATH 1990, RUSCH 1989, 1993 a, WINKELS/ NAWRATH 1990.
[109] vgl. u.a. HONIG 1992.

multidimensionaler Erklärungsansätze von *Gewalt gegen Kinder* einbezogen[110].

Im Zuge der Rezeption „über-individueller", gesellschaftlich bedingter Dimensionen von *Gewalt* erfahren Begriffsbestimmungen qualitativ andere Bedeutungsschwerpunkte: Es werden einerseits „alte" Themen wie *Kindesmißhandlung* und *sexueller Mißbrauch* enttabuisiert und einer sensibilisierten, nicht mehr ausschließlich auf wissenschaftliche Kreise beschränkten Öffentlichkeit zugänglich gemacht[111], andererseits wird der Begriff der *alltäglichen Gewalt* eingeführt zur Kennzeichnung sinnlich nicht (mehr) wahrnehmbarer Formen von *Gewalt*[112].

- Veränderte Forschungsmethoden, sich wandelnde Bewertungsmaßstäbe von *Gewalt* wie die beobachtbare zunehmende Sensibilisierung für Gewaltphänomene haben neben der Berücksichtigung qualitativ anderer Inhalte auch zu einem formalen, sich in veränderten Sprachgewohnheiten und Begriffsverwendungen offenbarenden Paradigma-Wechsel geführt.

Mit der Ausweitung des Gewaltbegriffes auf über-individuelle, gesellschaftliche bzw. gesellschaftlich bedingte strukturelle Probleme erfahren Erklärungsansätze von *Gewalt gegen Kinder* auch auf formal-begrifflicher Ebene andere Bedeutungsdimensionen, eine Entwicklung, die sich an dem Paradigma-Wechsel von *Kindesmißhandlung* zu *Gewalt gegen Kinder* in eindrucksvoller Weise belegen läßt.

Monokausal ausgerichtete Erklärungsansätze können, das wird u.a. über den Weg der exemplarischen Beschreibung einzelner Erklärungsmodelle von *Kindesmißhandlung* und *Gewalt gegen Kinder* deutlich, im Rahmen von Ursachenforschung

---

[110] Dies läßt sich eindrucksvoll an der „Entdeckung" des Problems des *sexuellen Mißbrauchs* verdeutlichen; vgl. dazu u.a. BANGE 1992, DREWES 1997, ENDERS 1990², GLÖER/SCHMIDESKAMP-BÖHLER 1990.
[111] vgl. dazu u.a. die kritischen Anmerkungen von RUTSCHKY 1992.
[112] vgl. u.a. ESSER 1987, HUBER 1993, NICKLAS 1984, 1988, PETRI 1989, RAUCHFLEISCH 1992.

die Komplexität sozialer, gesellschaftlicher, politischer und kultureller Dimensionen von *Gewalt* nicht in angemessener Weise verständlich machen.

Definitionen von *Kindesmißhandlung*, die in den 60er und 70er Jahren insbesondere auf den körperlichen Aspekt von *Gewalt* beschränkt blieben (zum Teil auch heute noch beschränkt sind), können nur vor dem Hintergrund der Betrachtung des zu diesen Zeiten vorherrschenden kulturellen und politischen „Klimas" der Gesellschaft hinreichend verstanden und eingeordnet werden.

Die Definition von *Kindesmißhandlung* als vorwiegendes Problem gestörter Persönlichkeiten hatte u.a. die Funktion, von bestehenden gesellschaftlichen bzw. gesellschaftlich bedingten, in der späteren Diskussion dann als „strukturell" bezeichneten Einflußfaktoren auf die Entstehung von *Gewalt in der Familie* abzulenken.

Von daher gesehen kann die Beobachtung kaum überraschen, daß vor allem Forschungsansätze der Forensischen Psychiatrie wie auch Untersuchungen mit gerichtsmedizinischem und strafrechtlich-kriminologischem Schwerpunkt die wissenschaftlich geführte Diskussion um *Kindesmißhandlung* bis in die 70er und teilweise 80er Jahre hinein bestimmten.

Sozialpädagogisch und, im umfassenderen Sinne, sozialwissenschaftlich ausgerichtete Studien zur *familialen Gewalt* wurden bereits seit Ende der 60er Jahre durchgeführt; deren Ergebnisse tauchten zwar in verschiedenen Veröffentlichungen auf, ohne dabei jedoch eine richtungsweisende Funktion einnehmen zu können[113].

Seitdem Mitte der 70er Jahre ein explizit gesellschaftliches Verständnis von *Gewalt gegen Kinder* formuliert wurde, konnten gängige Konzepte zur Erklärung von *Kindesmißhandlung* aus den Grenzen enggefaßter individualistischer Sichtweisen befreit werden.

Der Begriff *Gewalt* hat im Verlaufe seiner Geschichte sowohl im wissenschaftlichen wie im Alltagssprachgebrauch verschiedene Wandlungen erfahren:

---

[113] vgl. u.a. MENDE/KIRSCH 1968, PETRI/LAUTERBACH 1975.

Zum einen wurden über den Weg wissenschaftlicher Bemühungen qualitativ andere, einen weitgefaßten Gewaltbegriff zugrundelegende Konzepte ausgearbeitet[114], zum anderen fanden anfangs eher subjektiv gehaltene Berichte über den Einfluß *Sozialer Protestbewegungen* wie der *Frauenbewegung*, der *Friedensbewegung* und der *Ökologiebewegung* Eingang in die öffentliche Diskussion um Probleme *familialer Gewalt*.

Während bei den Definitionsversuchen von *Kindesmißhandlung* das Moment des „Eingrenzens" auf körperliche Aspekte auffällig ist, überwiegt bei Betrachtung der Definitionsvorschläge von *Gewalt gegen Kinder* auf der Grundlage politischer Initiativen zur Skandalisierung und Enttabuisierung *familialer Gewalt* und den Bemühungen der *Gesellschaftskritik* das Moment der „Entgrenzung".

Je nach (wissenschafts-)theoretischem Erkenntnisinteresse, je nach zugrundegelegtem Vorverständnis, je nach vorherrschenden gesellschaftlichen und politischen Einflußfaktoren weisen vorgenommene Definitionsversuche von *Gewalt* und *Gewalt gegen Kinder* verschiedene Schwerpunkte auf, wobei die Begriffsdimensionen wiederum unterschiedlichen Bewertungsmaßstäben unterliegen.

Bei kritischer Betrachtung der Ursachenforschung zum Thema *Gewalt gegen Kinder* wird offenkundig, daß in vielen Fällen wie selbstverständlich von *Gewalt* gesprochen wird, ohne die jeweils zugrundegelegten Bedeutungsfelder näher zu erläutern.

Infolgedessen entwickelt sich oftmals eine Diskussion, die sich zwar derselben Begriffe bedient, die sich jedoch hinsichtlich der Bedeutungsinhalte und Bewertungsmaßstäbe von *Gewalt* zum Teil grundsätzlich unterscheidet.

Unter Einbeziehung (sozial-)geschichtlicher, kultureller, sozialer und (gesellschafts-)politischer Einflußgrößen werden Dimensionen von *alltäglicher Gewalt* angesprochen, die sinnlich nicht oder nicht mehr wahrnehmbare Formen *personaler* und *struktureller Gewalt* sowie deren Zusammenwirken mit familiendynamischen und sozio-ökonomischen Faktoren beinhalten.

---

[114] vgl. u.a. WITTENHAGEN/WOLFF 1980, WOLFF 1986 a.

Insbesondere die Dimensionen *alltäglicher Gewalt* werden erst über die Betrachtung subjektiv gehaltener Berichte der Gewalterfahrungen von Frauen und Kindern erahnbar.

Die angesprochenen Bedeutungsdimensionen lassen die Formulierung einer umfassenden Definition von *Gewalt gegen Kinder* als gerechtfertigt erscheinen, in deren Folge das Zusammenwirken verschiedener Faktoren die Gesamtheit der Lebensbedingungen, der tatsächlich erfolgten Handlungen und Unterlassungen erfaßt werden, durch die Kinder in ihrem Recht auf Leben, auf körperliche und seelische Unversehrtheit und wirkliche Förderung eingeschränkt werden[115].

Im Zuge eher weitgefaßter Definitionsversuche von *Gewalt gegen Kinder* wird immer wieder auf das Problem der *psychischen Mißhandlung* hingewiesen; es scheint jedoch, von wenigen Ausnahmen abgesehen[116], lediglich bei den Hinweisen zu bleiben.

Während Forschungskonzeptionen, die an dem körperliche Aspekte betonenden Mißhandlungsbegriff festhalten, als äußerlich sichtbare Spuren körperlicher Gewaltanwendung Verletzungen von Kindern nachweisen können, stehen Forschungsansätze, die das Phänomen der *psychischen Mißhandlung* zumindest einbeziehen, vor dem Dilemma nur schwer zu lösender methodischer und methodologischer Probleme.

Die unzureichende Forschungslage einerseits sowie der immer wieder auffindbare Hinweis auf die besondere Bedeutung *psychischer Gewalt gegen Kinder* andererseits rechtfertigen eine gesonderte Abhandlung dieses in der wissenschaftlichen Forschung und Literatur bislang vernachlässigten Problems.

---

[115] vgl. u.a. den Definitionsversuch von WITTENHAGEN/WOLFF 1980, 6.
Von besonderer Bedeutung scheint in diesem Zusammenhang die Überlegung zu sein, wonach *körperliche* und *seelische Gewalt* nicht voneinander getrennt werden bzw. dem einen oder anderen Aspekt nicht ein mehr oder weniger großes Gewicht zugemessen werden könne.

[116] Ausnahmen stellen m.E. die Veröffentlichungen von BUSKOTTE 1992, COVITZ 1993, ERNST/STAMPFEL 1991, HERZKA 1989 a, HIRIGOYEN 2000^2 und LEVETZOW 1934 dar.

3. *Psychische Gewalt gegen Kinder* - Zum aktuellen Forschungsstand in der wissenschaftlichen Literatur

3.1. Einführung

Obwohl in der sozialwissenschaftlichen Gewaltforschung vielerorts auf die besondere Bedeutung psychischer Aspekte von *Gewalt* und *Gewalt gegen Kinder* hingewiesen wird[117], stellt das Phänomen der *psychischen Gewalt gegen Kinder* einen in der wissenschaftlichen Forschung und Literatur weitgehend vernachlässigten Problembereich dar.

Nach den Gründen für diesen offensichtlich werdenden Widerspruch zu suchen, scheint sinnvoll, auch wenn nicht im umfassenden Sinne zufriedenstellende Ergebnisse zu erwarten sind.

In einem ähnlichen Sinne wie die Sozial- und Erziehungswissenschaften in den 60er und 70er Jahren vor allem medizinisch, psychiatrisch und strafrechtlich ausgerichteten Forschungsbemühungen zur Erklärung von *Kindesmißhandlung* das Feld überließen, so zeigt sich auch innerhalb der modernen Debatte um Ausdrucks- und Erscheinungsformen, um Erklärungsversuche und Ursachenforschung von *Gewalt gegen Kinder* ein auf unterschiedlichen Ebenen beobachtbares Unbehagen, das vielerorts über die Aussagen sichtbar wird, *psychische Gewalt gegen Kinder* sei weder begrifflich faßbar noch im Rahmen der Frage bearbeitbar, was als „noch legitim" im Umgang von Erwachsenen mit Kindern bzw. als „schon verletzend und schädigend" für die Persönlichkeitsentwicklung von Kindern angesehen werden kann.

Ein Beweggrund für die als zurückhaltend zu bezeichnenden Forschungsbemühungen von Vertretern unterschiedlicher Wissenschaftsdisziplinen mag in der mittlerweile unbestreitbaren Tatsache bestehen, daß es sich als eine Frage der subjektiven Bewertung darstellt, was als *Gewalt, Gewalt gegen Kinder* und in der Folge als *psychische Gewalt gegen Kinder* angesehen werden kann.

---

[117] vgl. u.a. BUSKOTTE 1992, COVITZ 1993, DKSB 1989, 12 f., HERZKA 1989 a, HIRIGOYEN 2000², JUNGJOHANN 1991, 81 ff., RAUCHFLEISCH 1992, 66 ff., WITTENHAGEN/WOLFF 1980, 7 f.

Zudem unterliegen Versuche von Begriffsbestimmungen sowie in diesem Zusammenhang relevante hypothetische Aussagen unterschiedlichen, auf subjektiven Grundlagen aufbauenden Bewertungs- und Beurteilungskriterien, so daß sich eine auf einem allgemeinen gesellschaftlichen bzw. politischen Konsens beruhende Gewaltdiskussion in dem Bereich der *psychischen Gewalt gegen Kinder* bisher (noch) nicht hat entwickeln können.

Die Aktualität und politische Brisanz des Problembereiches *psychische Gewalt gegen Kinder* läßt sich trotz aller vor allem forschungsmethodologisch begründeten Argumente für nur eingeschränkt mögliche Grundlagenforschung u.a. an den Bemühungen des Gesetzgebers ablesen, der im Zuge einer 20 Jahre andauernden Diskussion um die Reform des § 1631 Bürgerliches Gesetzbuch (BGB) „Inhalt der Personensorge, Verbot entwürdigender Maßnahmen, Unterstützung der Eltern"[118] zu dem Entschluß der Bundesregierung Schröder führte, den bisher geltenden Gesetzestext um die Aufnahme des Stichwortes einer „gewaltfreien Erziehung" unter Einbezug *körperlicher* und *seelischer* Dimensionen zu ergänzen[119].

Ob sich - und wenn ja, in welcher Weise sich - diese gesetzgeberischen Schritte auf dem Weg zur Institutionalisierung einer gewaltfreien Erziehung im alltäglichen (Zusammen-)Leben von Erwachsenen mit (ihren) Kindern als handlungsleitend und praktisch umsetzbar erweisen können, hänge nach Ansicht von BERGMANN (2000) u.a. davon ab, ob ein Umdenkungsprozeß, ein „Bewusstseinswandel in der gesamten Öffentlichkeit hin zu einem anderen Leitbild von Erziehung, das geprägt ist von Respekt, Verantwortung und Fürsorge für das Kind"[120], angestoßen werden könne.

---

[118] vgl. u.a. DEEGENER 2000, 43 ff.
[119] Der Wortlaut der aktuell geltende Fassung des § 1631 BGB Inhalt der Personensorge; Verbot entwürdigender Maßnahmen; Unterstützung der Eltern (Stand: 20.12.2000):
  (1) Die Personensorge umfaßt insbesondere die Pflicht und das Recht, das Kind zu pflegen, zu erziehen, zu beaufsichtigen und seinen Aufenthalt zu bestimmen.
  (2) Kinder haben ein Recht auf gewaltfreie Erziehung. Körperliche Bestrafungen, seelische Verletzungen und andere entwürdigende Maßnahmen sind unzulässig.
  (3) Das Familiengericht hat die Eltern auf Antrag bei der Ausübung der Personensorge in geeigneten Fällen zu unterstützen.
[120] BERGMANN 2000, 7 f.

3.2. Psychische Gewalt gegen Kinder - Forschungsstand und Perspektiven

Ein Blick auf die als spärlich zu bezeichnenden Veröffentlichungen zu dem Problembereich der *psychischen Gewalt gegen Kinder* weist die im Jahre 1934 veröffentlichte Dissertation von LEVETZOW (1934) als die bisher einzige ernsthafte, sich wissenschaftlicher Methoden bedienende Untersuchung aus, die sich explizit mit dem Thema der *seelischen Kindesmißhandlung* auseinandersetzt.

Die Verfasserin stellt sich darin die Aufgabe, „die einschlägigen theoretischen Probleme zu erörtern, sodann sich der praktischen Frage der Bekämpfung der seelischen Kindermißhandlung zuzuwenden"[121].

LEVETZOW (1934) versteht unter *seelischer Kindermißhandlung* ein „schweres Schädigen des seelischen Wohlbefindens eines Wehrlosen, welches ohne vernünftigen Zweck oder außer jedem Verhältnis zu einem vernünftigen Zweck geschieht"[122].

Als Formen *seelischer Kindermißhandlung* führt LEVETZOW u.a. „verächtliche Behandlung, Zwang zu demütigender oder ekelerregender Tätigkeit, Einjagen von Furcht und Schrecken, Verbot des Umgangs mit anderen Kindern"[123] an.

Auch spricht LEVETZOW (1934) bereits die Frage an, welches Verhalten „noch als berechtigte Erziehungsmaßnahme, welche(s) schon als seelische Mißhandlung anzusehen" sei, wie sie auch eine ihrer Beobachtungen beschreibt, wonach lediglich die *körperliche Mißhandlung*, im Gegensatz zu der *seelischen Mißhandlung*, „einigermaßen greifbares Material für eine Ableitung (d.h. für eine Begriffsbestimmung, Anm. d. Verf.) bietet"[124].

Die erste Veröffentlichung im deutschsprachigen Raume, in der sich „zum ersten Mal die Erwähnung seelischer Mißhandlung von Kindern"[125] finden läßt, stellt die Dissertation von DUENSING aus dem Jahre 1903 dar.

---

[121] LEVETZOW 1934, 1.
[122] LEVETZOW 1934, 7.
[123] LEVETZOW 1934, 8 f.
[124] LEVETZOW 1934, 4 (Veränderungen durch d. Verf.).
[125] LEVETZOW 1934, 1.

DUENSING spricht im Zusammenhang mit dem übergeordneten Thema der „Verletzung der Fürsorgepflicht gegenüber Minderjährigen" u.a. auch von *psychischer Züchtigung*[126].

Auch DUENSING (1903) beklagt das Nicht-Vorhandensein eindeutiger Beurteilungskriterien zur Bestimmung der Frage, wann das „Wohl eines Kindes" gefährdet sei; ihrer Meinung nach werde „in den meisten Fällen (...) eine Züchtigung körperlich-psychischer Natur sein, also zugleich einen Angriff auf das körperliche Wohlbefinden, wie eine unmittelbare Einwirkung auf die Psyche durch psychische, in der Züchtigungshandlung enthaltene Momente darstellen"[127].

Unter dem Stichwort „Formen von Kindesmißhandlung" lassen sich in der einschlägigen (modernen) wissenschaftlichen Literatur Versuche erkennen, vor dem Hintergrund theoretisch-analytischer Zielsetzungen Unterscheidungen verschiedener Mißhandlungsformen vorzunehmen.

So nennt beispielsweise ENGFER (1986) in diesem Zusammenhang drei zentrale Momente der *psychischen Mißhandlung*, Ablehnung des Kindes, Terrorisieren des Kindes, Isolieren des Kindes[128], wobei sie unter dem Begriff der *psychischen Mißhandlung*, der wegen seiner Unschärfe innerhalb der Forschungsliteratur umstritten sei, „elterliche Äußerungen und Handlungen (..., verstanden wissen will, Zusatz d. Verf.), die das Kind terrorisieren, es in zynischer oder sadistischer Weise herabsetzen, überfordern und ihm das Gefühl der Ablehnung, der eigenen Wertlosigkeit vermitteln"[129].

Unter Bezugnahme auf die Untersuchungsergebnisse von ERNST und STAMPFEL (1991)[130] führt BUSKOTTE (1992) Beispiele für „ein weites Spektrum problematischer Verhaltensweisen" an, die sie im weitesten Sinne unter den Begriff der *psychischen Gewalt gegen Kinder* faßt: Ablehnen, Isolieren, Demütigen, Ter-

---

[126] vgl. DUENSING 1903, 23 ff.
[127] DUENSING 1903, 24 (Auslassungen durch d. Verf.).
[128] vgl. ENGFER 1986, 12 f.
[129] ENGFER 1986, 11 (Auslassungen durch d. Verf.).
[130] vgl. ERNST/STAMPFEL 1991, 82 f.

rorisieren und Bedrohen, Ignorieren, Überfordern, Korrumpieren und Erpressen[131].

Auch LUTTER (1992) faßt unter Mißhandlungsformen neben *körperlichen Mißhandlungen, Vernachlässigung* und *sexuellem Mißbrauch* die von ihm als *psychische Mißhandlung* bezeichnete *Gewalt gegen Kinder*. Unter diesem seiner Meinung nach „am schwierigsten faßbaren Begriff (will LUTTER, Zusatz d. Verf.) elterliche Verhaltensweisen (verstanden wissen, Zusatz d. Verf.), die das Kind herabsetzen, quälen und sein Selbstwertgefühl schwer beeinträchtigen. Dies kann durch Ablehnung (ständige Kritik, Überforderung, 'Sündenbock-Rolle'), durch Terrorisieren (Bedrohen, Ängstigen, Einschüchtern) oder durch Isolieren (Einsperren, Verhindern von Außenkontakten, Vermitteln von Einsamkeit und Verlassenheit) geschehen"[132].

HIRIGOYEN (2000) zitiert in ihrem Beitrag Auszüge der Internationalen Kinderrechtskonvention, die *verbale Gewalt*, sadistische und abwertende Verhaltensweisen, Ablehnung von Gefühlen, Anforderungen, die im Vergleich zum Alter des Kindes übertrieben oder unverhältnismäßig seien, „widersprüchliche oder unmögliche Verhaltensmaßregeln und erzieherische Imprägnationen" als „für Kinder schädliche psychologische Behandlung"[133] betrachtet.

HERZKA (1989) sieht *psychische Gewalt gegen Kinder* in dem „Kontrast begründet, der zwischen den Gewohnheiten und den Bedürfnissen der Erwachsenen und den altersgemäßen Bedürfnissen des Kindes besteht, die weitgehend durch seinen Entwicklungsstand bedingt"[134] seien, und spricht damit als übergeordnete Themen das der Erziehung und das des Verhältnisses der Generationen an[135].

---

[131] vgl. BUSKOTTE 1992, 19 f.
[132] LUTTER 1992, 15.
[133] HIRIGOYEN 2000², 52.
[134] HERZKA 1989 a, 112.
[135] Auch HIRIGOYEN (2000) betont in diesem Zusammenhang die auf inhaltlicher Ebene begründete Verknüpfung von *Gewalt* mit Erziehung. „Unter dem Vorwand von Erziehung löscht man bei seinem eigenen Kind genau den Lebensfunken aus, der einem selbst mangelt. Man bricht den Willen des Kindes, man zerstört seinen kritischen Geist und richtet es so ein, daß es über seinen Elternteil nicht urteilen kann" (HIRIGOYEN 2000², 60 f.).

Seelische Gewalt gegen Kinder sei seiner Meinung nach „Ausdruck des Machtkampfes zwischen Erwachsenen und Kindern", wobei dieser Machtkampf „in der Einstellung (begründet läge, Zusatz d. Verf.), das Kind habe nur vom Erwachsenen zu lernen und sich ihm anzupassen"[136].

Zwischen gesellschaftlich noch akzeptiertem Erziehungsverhalten und Verhaltensweisen, die im weitesten Sinne unter den Begriff *psychische Gewalt gegen Kinder* gefaßt werden können, bestehen fließende Übergänge[137].

Nach Aussagen von RAUCHFLEISCH (1992) sei der Nachweis psychischer Gewaltanwendung u.a. deshalb so schwierig, da „die Folgen ebenfalls nicht leicht zu 'objektivieren' sind. Das seelisch mißhandelte Kind läßt häufig keine deutlich sichtbaren Verletzungen erkennen, sondern zeigt etwa ein Fehlverhalten (beispielsweise besondere Angst oder ein trotziges Verhalten), das auf die verschiedensten Ursachen zurückgeführt werden kann und nicht zwangsläufig auf eine psychische Gewaltanwendung hinweist"[138].

Auf den Mißstand, daß sich nur schwerlich eindeutig als kausal zu bezeichnende Beziehungen zwischen einem bestimmten Verhalten der Erziehungspersonen und den psychischen Auffälligkeiten des Kindes oder Heranwachsenden herstellen ließen, wird u.a. auch von BUSKOTTE (1992) hingewiesen, nach deren Beobachtung *seelische Gewalt* zu den Gewaltfaktoren gehöre, „bei denen es schwer fällt, sie als solche zu erkennen und wahrzunehmen. Das liegt vor allem daran, daß diese subtilen Formen von Gewaltanwendung keine deutlich sichtbaren Spuren hinterlassen wie z.B. die körperliche Gewalt"[139].

Ohne an dieser Stelle näher darauf eingehen zu können, wird in den Aussagen von HIRIGOYEN (2000) der Einfluß der *Internationalen Kinderrechtsbewegung*, der *Antipädagogik* sowie der gesellschafts- und erziehungskritisch eingestellter Verfasser wie beispielsweise Alice MILLER deutlich wahrnehmbar.

[136] HERZKA 1989 a, 120.
[137] Zum Verhältnis von persönlicher und gesellschaftlicher Gewaltausübung vgl. u.a. PETRI 1989.
[138] RAUCHFLEISCH 1992, 67 f.
[139] BUSKOTTE 1992, 19

Die unzureichende Forschungslage weist auf Unzulänglichkeiten methodischer und methodologischer Strategien hin, das Phänomen der *psychischen Gewalt gegen Kinder* beschreiben und erklären zu können.

Und dennoch, und diese These scheint ENGFER (1986) mit ihren Ausführungen zu bestätigen, kommt dem Problembereich *psychische Gewalt gegen Kinder* besondere Bedeutung zu, da, so ENGFER (1986), „jede Form der Mißhandlung mit psychischen Beeinträchtigungen des Kindes einhergeht. Oder anders formuliert: die psychischen Beeinträchtigungen des Kindes als Konsequenzen elterlichen Verhaltens sind *das* zentrale Kriterium, nach dem elterliches Verhalten überhaupt als *Miß*handlung"[140] definiert werden könne.

Während es unmöglich erscheint, über Verbreitung und Ausmaß *seelischer Gewalt gegen Kinder* verläßliche Aussagen zu erhalten - statistische Hinweise wie beispielsweise Polizeiliche Kriminalstatistiken erweisen sich in diesem Zusammenhang als wenig aussagekräftig -, zeigen (auto-)biographische Berichte von Frauen und Kindern aus Frauenhäusern und Kinderschutz-Zentren dagegen Möglichkeiten auf, ausgehend von den subjektiven Perspektiven Betroffener im weitesten Sinne biographische Forschungsansätze zu entwickeln, die das bisher lediglich phänomenologisch bzw. philosophisch-theoretisch behandelte Problemfeld der *seelischen Gewalt gegen Kinder* auch inhaltlich in der der Bedeutung dieses Phänomens angemessenen Weise thematisieren können.

Als ein erstes Beispiel subjektiver Perspektiven Betroffener sei aus der Untersuchung von ERNST und STAMPFEL (1991) der Beitrag von vier zwölfjährigen Mädchen angeführt, der auf qualitativ andere Dimensionen subtiler Formen *nichtkörperlicher Gewalt* abhebt.

---

[140] ENGFER 1986, 12.

"Gewalt???
Als ich dich fragte, was Gewalt ist,
sagtest Du, schlagen und geschlagen werden.
Wenn Du oft über mein Aussehen klagst und
wenn Du so tust, als ob wir nicht zusammengehören,
wenn Du mich nicht mit zu Deinen Freunden nimmst,
wenn Du sagst, ich bin zu nichts zu gebrauchen,
merke ich, daß Du nicht weißt, was Gewalt ist."[141]

Selbst bei vorsichtiger Interpretation dieses Beitrages wird deutlich, daß es eine Frage der Wertung darstellt, ob ein Verhalten als gewalttätig, eine (soziale) Situation als gewaltsam beurteilt wird oder nicht.

Die Wert- und Bewertungsmaßstäbe von *Gewalt gegen Kinder* verändern sich in dem Maße, wie sich ein Wandel innerhalb der Betrachtung erkennen läßt: *Kindesmißhandlung* war bis in die 70er Jahre hinein Gegenstand vor allem gerichtsmedizinischer und strafrechtlich-kriminologischer Untersuchungen[142].

Obwohl ab Mitte der 70er Jahre sozialwissenschaftlich ausgerichtete Untersuchungsansätze ausgearbeitet wurden[143], wurde der Entwicklung nicht Rechnung getragen, daß grundlegende Erkenntnisse im Rahmen der Betrachtung von Phänomenen *familialer Gewalt* nicht aufgrund von wissenschaftlichen, sondern eher der subjektiven Verarbeitung erfahrener *Gewalt* dienenden, literarisch dokumentierten Bemühungen gewonnen werden konnten.

Die Beachtung der Tatsache, daß Selbstaussagen von Kindern und Jugendlichen in den (auto-)biographisch ausgerichteten und literarisch aufgearbeiteten Zeugnissen bisher nicht oder nur in unzureichendem Maße im Rahmen (sozial-)wissenschaftlicher Forschungsansätze Berücksichtigung fanden, läßt die Beob-

---

[141] In: ERNST/STAMPFEL 1991, 52.
[142] Eine Übersicht über die Geschichte der Erforschung von *Kindesmißhandlung* und *Gewalt gegen Kinder* läßt sich finden in BUJOK-HOHENAUER 1982, 13-52; vgl. auch ZIEGLER 1990.
[143] vgl. u.a. BRÜNINK et al. 1979; vgl. auch FORSCHNER 1985, NEIDHARDT 1986.

achtung verständlich(er) werden, daß sich der aktuelle Forschungsstand zum Problembereich *seelischer Gewalt gegen Kinder* in qualitativer Hinsicht nicht bzw. nur kaum zu unterscheiden scheint vom dem des von DUENSING bereits im Jahre 1903 beschriebenen.

So scheint es nicht nur sinnvoll, sondern auch notwendig zu sein, das Feld „traditioneller" Wissenschaft, ihrer Quellen und Methoden zu verlassen und über den Weg biographischer Forschung zumindest ansatzweise Perspektiven zu entwickeln, die aus dem beobachteten Forschungsdefizit hinsichtlich qualitativer Aspekte von *(psychischer) Gewalt gegen Kinder* herausführen können[144].

3.3. Psychische Gewalt gegen Kinder - Ergebnisse einer nichtrepräsentativen Befragung

3.3.1. Einführung

Im Rahmen einer schriftlich erfolgenden Befragung wurden 56 Erstsemester-Studentinnen und Studenten der Fachbereiche Sozialwesen und Sozialwirtschaft an einer Berufsakademie, sechs Drittsemester-Studenten aus dem Bereich Sozialwesen an derselben Berufsakademie sowie 28 Studentinnen und Studenten aus dem ersten Ausbildungsjahr einer Fachschule für Ergotherapie um ihre Meinung zu Fragen aus dem Themen- und Problembereich *psychische Gewalt gegen Kinder* gebeten.

Gemein ist allen 90 Befragten (im Alter von 18 bis 45 Jahren) zum einen, daß die in die Befragung einbezogenen Ausbildungsgänge allesamt zu qualifizierten und qualifizierenden Berufsabschlüssen in der Sozialen Arbeit führen, zum anderen haben alle Befragten erfolgreich an Einführungsveranstaltungen in das *Wissenschaftliche Arbeiten* teilgenommen, die vom Verfasser an einer Berufsakademie und einer Fachschule für Ergotherapie angeboten wurden.

In diesen Einführungsseminaren *Wissenschaftliches Arbeiten* stehen in einem ersten Schwerpunkt Fragen der Planung, Ausarbeitung, Durchführung und Auswer-

---

[144] vgl. Kap. 4. des vorliegenden Einführungsbandes.

tung von mündlich abzuhaltenden Referaten (in Kleingruppen) sowie die sich anschließende Referatskritik im Mittelpunkt, der zweite Schwerpunkt besteht in dem Bestreben, den Studenten Möglichkeiten zu eröffnen, grundlegende Kenntnisse hinsichtlich wissenschaftlicher Arbeitsweisen zu gewinnen sowie wissenschaftliche Arbeitstechniken zu erlernen und anzuwenden[145].

In den Referaten der Arbeitsgruppen wurden in sämtlichen Seminaren neben anderen Themen die Bereiche *Gewalt gegen Kinder* und insbesondere *psychische*

---

[145] vgl. u.a. SOMMER 2000 a.
So seien an dieser Stelle wesentliche Aussagen „Zum Ablauf der Einführungsveranstaltungen *Wissenschaftliches Arbeiten*" zitiert:
„Aufgrund dieser Vorüberlegungen läßt sich die 24-stündige Veranstaltungsabfolge in zwei thematisch klar abgrenzbare Schwerpunkte aufteilen: Zum einen der Bereich mündlich, vor der Gruppe abzuhaltender Referate, zum anderen der Bereich Erarbeiten wesentlicher Kriterien für schriftliche wissenschaftliche Arbeiten (in der Form von Seminar- und Diplomarbeit).
Die ersten beiden Seminarsitzungen dienten demnach zur auf methodische und inhaltliche Aspekte von *Wissenschaftlichem Arbeiten* abzielenden Einstimmung in die Veranstaltung (...).
Im Laufe der zweiten Seminarsitzung bildeten die Teilnehmer Arbeitsgruppen von jeweils drei bis vier Studenten, die sich aus einer Liste von i.w.S. sozialpädagogisch relevanten Aufsätzen einen Text aussuchen konnten und ihn in den kommenden Sitzungen unter Beachtung folgender Vorgaben als Referat dem Plenum vorstellen sollten: Gefordert war ein mündlich vorzutragendes Gruppen-Referat von 15- bis 20-minütiger Dauer, ein schriftlich vorzulegendes Thesenpapier sowie eine nochmals 15- bis 20-minütige Zeitvorgabe für inhaltliche Diskussion und Rückmeldungen/kritische Anmerkungen der Seminarteilnehmer (Referatskritik).
Die dritte, vierte und fünfte Sitzung wurde so für das Abhalten der Referate und der sich anschließenden Referatskritik verwendet. Innerhalb dieses ausreichend erscheinenden zeitlichen Rahmens war eine intensive Auseinandersetzung der Seminarteilnehmer mit den jeweils vorgetragenen Referatsthemen wie auch der gewählten 'Methode' und dem 'Auftreten' der Arbeitsgruppen möglich.
(...)
Im Zentrum der sechsten und siebenten Seminarsitzung standen dann die schriftlichen wissenschaftlichen Arbeiten. Neben formalen Vorgaben der Ausbildungseinrichtung wurde hier insbesondere auf die bedeutsamen Aspekte im Rahmen der Planung und Ausarbeitung von schriftlich abzufassenden Seminar- und Diplomarbeiten abgehoben.
(...)
Die achte und letzte Seminarsitzung diente dann der Beantwortung inhaltlich „offen" gebliebener Fragen, wobei wiederholt einschränkend betont wurde, daß der Kurs konzeptionell, didaktisch-methodisch und inhaltlich als eine Einführung in die Techniken wissenschaftlichen Arbeitens verstanden werden sollte, also nicht der Anspruch erhoben werden sollte (und konnte), in umfassender Form auf sämtliche im Zusammenhang mit *Wissenschaftlichem(n) Arbeiten* auftauchenden Fragen und Probleme entsprechend vollständige Antworten bzw. Lern- und Handlungsanleitungen abzugeben" (SOMMER 2000 a, 323 ff.; Auslassungen durch d. Verf.).

Gewalt gegen Kinder[146] in Grundzügen vorgestellt, so daß im Rahmen der Befragung von der Voraussetzung ausgegangen werden konnte, daß alle Befragten über den Weg von Referaten als vortragende Referenten oder als Zuhörer Grundkenntnisse über das Phänomen der *psychischen Gewalt gegen Kinder* erlangt und eine zumindest in Ansätzen ausgeprägte Sensibilität gegenüber Gewaltphänomenen entwickelt haben dürften.

So waren auf die im Rahmen der Befragung formulierten Fragen nach (1) inhaltlich relevanten Dimensionen des Begriffes *psychische Gewalt gegen Kinder*, nach (2) möglichen Erklärungen für die in der (sozial-)wissenschaftlichen Gewaltforschung beobachtbare Vernachlässigung des Themenbereiches *psychische Gewalt gegen Kinder* und nach (3) konstruktiven Ideen für eine dem Problembereich *psychische Gewalt gegen Kinder* angemessene Betonung und notwendigerweise zu erfolgende Aufnahme in wissenschaftliche Forschungsbemühungen adäquate Antworten und Vorschläge zu erwarten.

3.3.2. Ergebnisse der Befragung

Auf die erste Frage „Was sagt Ihnen der Begriff *psychische Gewalt gegen Kinder*?" mit dem Schwerpunkt „In welchen Zusammenhängen haben Sie von diesem Phänomen Kenntnis erhalten?" wurden, den bereits angestellten Überlegungen entsprechend, u.a. folgende Antworten gegeben[147]:

- Referate/Lehrveranstaltungen an den jeweiligen Ausbildungseinrichtungen,
- Berichte in den Medien (Fernsehen, Zeitungen, Bücher)
- Beobachtungen in beruflichen Zusammenhängen und während Ausbildung/ Studium
- eigene Beobachtungen des Verhaltens von Eltern/Erwachsenen im Umgang mit Kindern in Alltagssituationen
- Beobachten von Erziehungsmethoden bei Verwandten und Nachbarn

---

[146] Referatsthemen waren in diesem Zusammenhang u.a. die Wiedergabe der wesentlichen Aussagen aus Texten wie BÄRSCH 1983 b, SOMMER 1996 b, STRECKER 1989.
[147] Die Antworten werden in von dem Verfasser formulierten Kategorien zusammengefaßt.

- Gespräche mit Freunden und Bekannten
- persönliche Kontakte zu Menschen, die *psychische Gewalt* erlebt haben
- im eigenen familiären Umfeld, eigene Rolle als Vater, in Partnerbeziehungen
- Erlebnisse und Erfahrungen in der eigenen Kindheit und Jugend und deren Reflexion/Aufarbeitung
- am eigenen Körper und Seele erfahrener *sexueller Mißbrauch*
- Selbsterfahrung, in Therapien
- persönliche Konfrontation mit dem Thema durch erfahrene autoritäre Erziehung und Auswirkungen auf die Erziehung der eigenen Kinder
- Gespräche mit den eigenen Kindern
- Beschäftigung mit dem Thema Strafen
- in der Schule, Lehrerverhalten
- Religionsunterricht
- Plakate von Beratungsstellen an S-Bahn- und Bus-Haltestellen

Im Rahmen des zweiten Schwerpunktes der ersten Frage „Kennzeichnen Sie die Ihnen bedeutsam erscheinenden Aspekte des Begriffes *psychische Gewalt gegen Kinder!*" wurden u.a. folgende Anmerkungen abgegeben[148]:
- Anschreien, Ignorieren, Demütigen, Bevormunden, Mißachten (verbal, nonverbal), Entmutigen, Spielen mit Angst/Schüren der Angst, Vernachlässigen, Einschüchtern, Abwerten, Bedrohen, Erpressen, Bloßstellen, Überfordern, Unterfordern, Übertragen von zu viel Verantwortung, Verspotten, Verletzen mit Worten, Hänseln, Auslachen, Isolieren, verbale Attacken gegen Kinder, Diskriminieren, Ausgrenzen, Terrorisieren
- Ignoranz gegenüber den Wünschen und Bedürfnissen von Kindern, Machtdemonstration, zu wenig Zuneigung, zu wenig Aufmerksamkeit, zu wenig Anerkennung, „Liebesentzug" als Strafe, versagte Liebe, Lieblosigkeit, keine emo-

---

[148] Auch im Zusammenhang dieser Fragestellung werden die Antworten nach inhaltlich bestimmten Kriterien zusammengefaßt.

tionale Zuwendung, Gleichgültigkeit, keine Zärtlichkeiten, keine/fehlende Wertschätzung der Kinder, Nicht-Annehmen der Stärken und Schwächen, Mißachtung der persönlichen Charaktereigenschaften, Zerstören des Selbstwertgefühles

- „Kind nicht Kind sein lassen" (zu hohe Anforderungen stellen), Kindern die Erwachsenenrolle zuweisen, keine eigenen Entscheidungen zulassen, ständig die Schwachstellen/Probleme der Kinder vor ihnen betonen, kein Lob oder Anerkennung für Leistungen verbunden mit dem Satz „Aus Dir wird ja eh nichts!", fehlende Achtung, Angriffe auf Selbstwertgefühl, Vertrauensbruch/ Vertrauensmißbrauch, Schuldgefühle einreden
- sinnleere Sanktionen, ungerechtfertigte Verbote, Einsperren, Psychoterror
- „Kreislauf der Gewalt" mit dem Beispiel, der Vater sei selbst als Kind von seinen Eltern unterdrückt worden; dieses Verhalten setze er fort im Umgang mit seinen eigenen Kindern
- Aggressionsabbau, Leistungsdruck, Notendruck in der Schule
- jede Form von *körperlicher Gewalt*
- Schweigen, Hilflosigkeit, Angst, Unwahrheit, Vereinsamung, Verlassen, Alleinlassen, Macht-Ungleichgewicht, Konkurrenzkämpfe, Streß, Angst zu versagen, Kinderarbeit, ungewollte Kinder
- Streitigkeiten (*Gewalt*) unter den Eltern, Probleme der Eltern werden vor den Kindern ausgetragen („Scheidungs-Krieg"), aggressives Verhalten der Eltern/ Erwachsenen gegenüber Kindern, Unberechenbarkeit des elterlichen Verhaltens (z.B. bei Strafen)
- kein gleichberechtigter, respektvoller Umgang von Erwachsenen mit Kindern, Rechte von Kindern werden nicht beachtet/Kinder nicht für „voll" nehmen, „wenn Kinder nicht ernstgenommen werden", Kinder nicht zu Wort kommen lassen, keine Zeit haben für Kinder, Kindern nicht zuhören
- *sexueller Mißbrauch* und mögliche Folgen

Die zweite Frage besteht in der Bitte, zu dem folgenden Sachverhalt in begründeter und damit für den Leser nachvollziehbarer Weise Stellung zu nehmen.
„*Psychische Gewalt gegen Kinder* stellt innerhalb der (sozial-)wissenschaftlichen Gewaltforschung einen vernachlässigten Problembereich dar. Haben Sie für diese auffällige Beobachtung eine Erklärung? Wenn ja, welche?"
U.a. wurden Meinungen geäußert wie:
- *Psychische Gewalt gegen Kinder* ist „nicht sichtbar, hinterläßt keine sichtbaren Spuren; die Gesellschaft weiß nicht, wie sie damit umgehen soll, was sie machen kann; man ist diesem Phänomen machtlos ausgeliefert, weil nicht genügend Information da ist"
- „*psychische Gewalt* geschieht im Verborgenen und ist objektiv nicht strafbar"
- *psychische Gewalt* bringe „keine äußerlich sichtbaren Schäden" hervor. Fällt dann ein Kind in der Schule oder im Kiga (Kindergarten, Anm. d. Verf.) doch auf, ist der Weg zum Psychiater noch weit und es wird sicherlich oft die wirkliche Ursache vertuscht"
- „Narben der Seele sieht man nicht. Verdrängung scheint vielleicht manchmal der einzige Weg zu sein, trotzdem weiterzuleben/-machen. Welches Kind zeigt, auch als Erwachsener, die eigenen Eltern, Trainer oder andere Bezugspersonen an?"
- „Ich vermute große Angst bei den Betroffenen - und das scheinen mir alle zu sein. Nur wenige Menschen trauen sich an dieses Thema (...). Es bedeutet Auseinandersetzung mit sich, der eigenen Sozialisation, dem eigenen Fehlverhalten (Unzulänglichkeiten ...)"
- „Keiner hatte bis jetzt den Mut oder den Drang dazu (...), dieses Problem anzupacken. Oder, ich weiß nicht, vielleicht haben wir Menschen ja überwiegend die Fähigkeit, gekonnt wegzuschauen"
- „Meiner Meinung nach ist die *psychische Gewalt* immer noch ein gewisses 'Tabu'-Thema, da es in vielen Familien stattfindet. Ich denke, bei diesem Thema müßten sich viele Menschen erst einmal an die 'eigene Nase' fassen

(auch Sozialwissenschaftler). Dies könnte sehr unangenehm für einen selbst werden"
- „Das ganze Thema war früher wie auch (leider) heute noch ein Tabu-Thema, für das sich niemand so richtig verantwortlich fühlt"
- „Bei *psychischer Gewalt* sind oftmals die Opfer selbst gar nicht in der Lage zu erkennen, daß ihnen Unrecht getan wird"
- „Da es keine 'Regeln' für Kindererziehung gibt, ist es auch leider oft 'jedem selbst überlassen', wie er seine Kinder erzieht"
- „Es fehlt an einer Lobby für Kinder, Kinder werden in fast allen Lebensbereichen in der BRD vernachlässigt. Außerdem können sie sich nicht selbst wehren bzw. Hilfe suchen. Ich glaube außerdem, daß es an Problembewußtsein in unserer Gesellschaft fehlt"
- „Meiner Meinung nach ist diese Form der Sanktionierung von Verhalten bzw. der 'Erziehung' gewünschter Verhaltensweisen gesellschaftskonform und wird aus diesem Grund weder reflektiert noch als gewalttätiges Handelns in die Kritik gezogen"
- „Wurde man selbst schon als Kind so behandelt, behandelt man seine Kinder eventuell auch sehr streng, autoritär, gewalttätig (physisch/psychisch); so fällt es einem u.U. gar nicht auf, wie grausam man ist, weil man es für normal und angemessen hält"
- „Meiner Meinung nach liegt die Wiege der *psychischen Gewalt gegen Kinder* in der Erziehung der Eltern. Hier einzugreifen als Sozialarbeiter ist sehr schwer. Eltern sollten ihre Kinder lieben, schützen, lehren und auf eine humane Art und Weise zurechtweisen (sie in ihre Schranken weisen). Ich weiß, daß dies in jeder Erziehung anders gehandhabt wird, ohne daß sofort *Gewalt* im Spiel ist. Und daher ist es für alle sehr schwer durchschaubar"
- *Psychische Gewalt gegen Kinder* „ist nicht objektiv nachweisbar; wo fängt *psychische Gewalt* an, wo sind es noch Erziehungsmaßnahmen?"

- *Psychische Gewalt gegen Kinder* ist „schwer festzustellen, da *Gewalt* erst zu *Gewalt* wird durch das subjektive Erleben".[149]

Die die Befragung abschließenden Fragen „Wie könnte Ihrer Meinung nach mehr 'Licht in das Dunkel' der Erforschung von *psychischer Gewalt gegen Kinder* gebracht werden? Welche Ideen bzw. Phantasien haben Sie?" stellen eine an die Seminarteilnehmer gerichtete Bitte dar, in konstruktiver Weise Lösungsvorschläge für das angesprochene Problem vernachlässigter und vernachlässigender Forschungsbemühungen hinsichtlich des Problembereiches *psychische Gewalt gegen Kinder* zu formulieren.

Von den Befragten wurden dabei u.a. die folgenden Aspekte angeführt:
- Studien über das Thema *psychische Gewalt gegen Kinder* betreiben
- „Viele Leute, auch Sozialwissenschaftler, sind nicht sensibilisiert für dieses Thema. Es wäre deshalb wichtig, das Thema *psychische Gewalt gegen Kinder* in die Köpfe der Menschen zu bringen"
- „Thematisieren - Hinschauen"
- „Mehr in die Öffentlichkeit gehen, es publik machen z.B. über Fernsehen; Bücher schreiben; Selbsthilfegruppen und Gruppen für besorgte oder interessierte Menschen anbieten"
- „Befragung von Kindern - Sensibilisieren auf die Erlebensweise von Kindern und Kinder ernst nehmen"
- „offen darüber sprechen, Betroffene erzählen lassen, Bücher darüber schreiben"
- „Hellhörigkeit fördern durch Einbringen dieses Thema in die Ausbildung von Lehrern, Kindergärtnern etc."
- „mehr gesetzliche Handhabe"
- „Indem wir uns selber beobachten und unser Verhalten bewußt machen. Unsere Umwelt berücksichtigen und sensibler werden. Dieses Thema soll uns im

---

[149] Aus den Antworten der Fragebögen vom 03.12.2001 (Auslassungen durch d. Verf.).

Kopf präsent sein. *Psychische Gewalt* öfter thematisieren! Den Betroffenen zuhören und glauben!"

- „'Führerschein' für Eltern; ins Bewußtsein rufen, daß die 'alten' Methoden oder was einem selbst Unrechtes getan wurde, nicht richtig sind (Schutzraum Familie)"
- „Betrachtung von Biographien"
- „Generell: mehr Sensibilisierung, daß Worte genauso große Schäden anrichten können wie Prügel"
- „Ich denke, daß Tagebücher von Kindern Aufschluß darüber geben könnten, wie das 'Innenleben' der Kinder aussieht und welche Wunden *psychische Gewalt* wirklich hinterläßt"
- „Sozialpädagogik an Schulen"
- „auf politischer Ebene vorbringen und diskutieren"
- „Änderung unserer Sozialpolitik, d.h. weniger Streichung von Geldern und Stellen"
- „mehr Interesse, Forschung".[150]

3.3.3. Zusammenfassung und Versuch einer Einordnung

Kann ein Mindestmaß an Sensibilität für das Wahrnehmen von subtil wirkenden Gewaltphänomenen als vorhanden vorausgesetzt werden, so scheinen die Antworten auf die Fragen „Was sagt Ihnen der Begriff *psychische Gewalt gegen Kinder*? In welchen Zusammenhängen haben Sie von diesem Phänomen Kenntnis erhalten?" in der beschriebenen Form den Erwartungen zu entsprechen: Referate bzw. Lehrveranstaltungen in den jeweiligen Ausbildungseinrichtungen stellen eine bedeutsame Quelle für den Erwerb von Grundlagenwissen dar, die nahezu allen Seminarteilnehmern zugänglich ist.

---

[150] Aus den Antworten der Fragebögen vom 03.12.2001 (Auslassungen durch d. Verf.).

Auch der Weg über die Berichterstattung in den Medien (Fernsehen, Zeitungen, Bücher) und die Konfrontation mit unterschiedlichen Formen *psychischer Gewalt in der Schule* scheint nachvollziehbar, während in anderen Antworten eher subjektiv-persönliche Hintergründe aus der Beschäftigung mit dem Thema *psychische Gewalt gegen Kinder* zum Vorschein kommen: das Wahrnehmen in beruflichen Zusammenhängen und während Ausbildung/Studium, das Beobachten von Eltern/Erwachsenen im Umgang mit Kindern in Alltagssituationen sowie das kritische Betrachten von Erziehungsmethoden bei Verwandten und Nachbarn, das Führen von Gesprächen mit Freunden und Bekannten.

Ein biographischer Bezug zu dem Themenbereich *psychische Gewalt gegen Kinder* wird über Antworten hergestellt, in deren Rahmen das unmittelbare gefühlsmäßige Betroffensein, die eigenen Erlebnisse in den Beschreibungen mitschwingen: das Wahrnehmen von Gewaltphänomenen im eigenen familiären Umfeld (Rolle als Vater und in Partnerbeziehungen), Erfahrungen in der eigenen Kindheit und Jugend sowie deren Aufarbeitung und Reflexion (Selbsterfahrung, Therapien), die persönliche Konfrontation durch die erfahrene autoritäre Erziehung mit möglichen Auswirkungen auf die Wahl der Erziehungsmethoden im Zusammenleben mit den eigenen Kindern wie auch, und in dieser Antwort wird die mögliche Tragweite der Beschäftigung mit dem Themenbereich *Gewalt gegen Kinder* wahrnehmbar, das zumindest vereinzelt erfolgende Erwähnen von am eigenen Körper und Seele erfahrenem *sexuellen Mißbrauch*.

Im Rahmen der Betrachtung von Äußerungen auf die Bitte hin „Kennzeichnen Sie die Ihnen bedeutsamen Aspekte des Begriffes *psychische Gewalt gegen Kinder*!" bestätigen die Seminarteilnehmer mit ihren Ausführungen Beschreibungen aus der wissenschaftlichen und belletristischen Literatur: Die Palette der benannten (Ausdrucks-)Formen *psychischer Gewalt gegen Kinder* reicht von Anschreien, Ignorieren, Demütigen, Bevormunden, Mißachten, Entmutigen, Ängstigen, Vernachlässigen, Einschüchtern, Abwerten, Bedrohen, Erpressen, Bloßstellen, Überfordern, Unterfordern, Verspotten, Auslachen, Isolieren, Diskriminieren,

Ausgrenzen und Terrorisieren über Anworten wie zu wenig Zuneigung, zu wenig Aufmerksamkeit, zu wenig Anerkennung, zu wenig emotionale Zuwendung, zu wenig Liebe, Gleichgültigkeit, fehlende Wertschätzung, Nicht-Annehmen, Mißachtung und Zerstörung des Selbstwertgefühls, über ungerechtfertigte Sanktionen (Strafen, Verbote); über Konkurrenz- und Machtkämpfen bis hin zu der Beschreibung von „modernen" Erscheinungsformen von *psychischer Gewalt gegen Kinder*, die u.a. auf einem nicht auf Gleichberechtigung und gegenseitigen Respekt aufbauenden Miteinander von Erwachsenen und Kindern (Kinder nicht ernstnehmen, Kinder nicht zu Worte kommen lassen, Kindern nicht zuhören, keine Zeit haben für Kinder) gekennzeichnet werden können.

Mit der zweiten Frage, ob die Seminarteilnehmer für das auffällige Phänomen eine Erklärung hätten, wonach *psychische Gewalt gegen Kinder* innerhalb der (sozial-)wissenschaftlichen Gewaltforschung einen vernachlässigten Problembereich darstelle, wird die Ebene des persönlichen Angesprochenseins über eigene Erlebnisse und Erfahrungen mit *Gewalt* in unterschiedlichen Bereichen menschlichen (Zusammen-)Lebens verlassen; gefordert sind nunmehr Ideen und Phantasien, die zwar hypothetischen Aussagewert besitzen, dennoch im Zusammenhang mit Grundlagenforschung erste Aufschlüsse über „Alltagstheorien" zur Erklärung dieser nicht nur in wissenschaftlichen Kreisen befremdenden Beobachtung geben können.

Mehrfach genannte Erklärungsversuche bestehen in den Aussagen, daß sich *psychische Gewalt gegen Kinder* zumeist innerhalb von Familien abspiele, mehr oder weniger stark ausgeprägter Bestandteil von Erziehung sei und somit mehr im Verborgenen denn in der Öffentlichkeit stattfinde.

Zudem ließen sich keinerlei äußerlich sichtbare Spuren *psychischer Gewalt* mit objektiven Beurteilungskriterien ausmachen; obwohl Verhaltensauffälligkeiten von Kindern und Jugendlichen u.U. Hinweise für erfahrene *psychische Gewalt* darstellen könnten, lassen sich keine linearen Ursache-Wirkung-Zusammenhänge feststellen.

Des weiteren bezeichnen die Befragten das Phänomen *psychische Gewalt gegen Kinder* als ein Tabu-Thema, das weder in der Öffentlichkeit ernsthaft diskutiert werde noch in wissenschaftlichen Forschungsbemühungen die seiner Bedeutung angemessene Beachtung fände.

Auch der Tatsache, daß bisher keine allgemein anerkannte, von einem breiten gesellschaftlichen und politischen Konsens getragene Begriffsbestimmung von *Gewalt gegen Kinder* und in der Folge *psychischer Gewalt gegen Kinder* ausgearbeitet werden konnte, wird über Anmerkungen der Befragten Rechnung getragen.

Erziehung und die in diesen Prozeß einfließenden Erziehungsvorstellungen, -stile und -methoden nehmen einen zentralen Stellenwert in der Beurteilung und Einschätzung der Beobachtung ein, warum Ausdrucks- und Erscheinungsformen von *psychischer Gewalt gegen Kinder* zwar immer wieder beschrieben werden, die ausschließliche Beschreibung letztendlich jedoch nicht dazu führte, in konsequenter Weise Ursachenforschung zu betreiben.

Bestätigt wird die Angemessenheit dieses Gedankengangs durch das Äußern der Frage, was noch als legitime Erziehungsmaßnahme angesehen werden könne und was bereits als *psychische Gewalt gegen Kinder* beurteilt werden müsse.

In der Formulierung dieser Frage kommen (selbst-)kritische Argumente zum Ausdruck, die zum einen das Fehlen objektiv nachweisbarer Ursachen betreffen, die zum anderen die Beobachtung stützen, daß *psychische Gewalt gegen Kinder* schwer festzustellen sei, „da *Gewalt* erst zu *Gewalt* wird durch das subjektive Erleben"[151].

---

[151] Aus den Antworten der Fragebögen vom 03.12.2001; vgl. auch S. 68 des vorliegenden Einführungsbandes.

3.4. Ausblick

Mit den Antworten auf die den Fragebogen abschließende Frage nach konstruktiven Vorschlägen für die (Auf-)Lösung der beschriebenen Forschungsmisere im Arbeitszusammenhang von *psychischer Gewalt gegen Kinder* soll an dieser Stelle der „Ausblick" eingeleitet werden.

Die Befragten benennen als konkrete Lösungsvorschläge

- den Bereich zu verstärkender Bemühungen von Öffentlichkeitsarbeit mit dem Hintergrund, auf unterschiedlichen Ebenen der Ansprache Menschen für Alltagsbezüge des Phänomens *psychische Gewalt gegen Kinder* zu sensibilisieren;
- Kinder und Jugendliche zu ermuntern/ermutigen, über die sie beschäftigenden Fragen und Probleme zu berichten sowie ihnen Unterstützungs- und Beratungsangebote nahezulegen;
- den Themenbereich *psychische Gewalt gegen Kinder* mehr als bisher geschehen in die berufliche Aus- und Fortbildung von professionell in der Sozialen Arbeit Tätigen zu institutionalisieren;
- die Aktualität und Brisanz des Themenbereiches *psychische Gewalt gegen Kinder* auf gesellschafts- und sozialpolitischer Ebene zu verdeutlichen (z.B. über die Forderung nach Einstellung von Sozialpädagogen an allgemeinbildenden Schulen) und letztlich über die Lektüre von Biographien und Tagebüchern sowie über das Führen von Gesprächen mit Kindern ein „Mehr" an Sensibilisierung für unsichtbare, einem oberflächlichen Blick nicht zugängliche, dennoch ständig latent vorhandene, alltägliche Gewaltphänomene zu ermöglichen.

Das Wahrnehmen und Erkennen von subtil wirkenden Formen *psychischer Gewalt gegen Kinder* stellt sich als abhängig von dem jeweils vorherrschenden Grad an Sensibilität für Gewaltphänomene wie auch von den individuell unterschiedlichen, subjektiven Bewertungs- und Beurteilungskriterien dar.

Was letztendlich - und dies scheint die Unmöglichkeit, eine allgemeingültige Begriffsbestimmung von *Gewalt gegen Kinder* und folglich auch von *psychischer Gewalt gegen Kinder* auszuarbeiten, zu erklären - als gewalttätiges Verhalten und als mit *Gewalt* besetzte Lebensumstände angesehen wird, ist und bleibt eine Frage der Bewertung auf der Grundlage nicht objektivierbarer Wertmaßstäbe.

Ob ein Verhalten oder eine soziale Situation noch als „legitime Erziehungsmethode" oder bereits als *psychische Gewalt gegen Kinder* bewertet wird, läßt sich nicht verallgemeinernd bestimmen, sondern wird von unterschiedlichen Betrachtern in unterschiedlicher Weise gedeutet werden.

Trotz dieser nahezu aussichtslos erscheinenden Voraussetzungen dürfen diese (forschungs-)methodischen Schwierigkeiten nicht dazu führen, das bis in die Gegenwart beobachtbare Vernachlässigen von Aspekten des Themenbereiches *psychische Gewalt gegen Kinder* dauerhaft festzuschreiben.

Im Rahmen der Reflexion von Antworten aus der Befragung wird u.a. die Beobachtung sichtbar, daß *psychische Gewalt gegen Kinder* immer noch als ein Tabu-Thema betrachtet wird, über das in öffentlichen wie wissenschaftlichen Kreisen bisher nicht offen, ausführlich und intensiv (genug) diskutiert werde.

Den Grad der Sensibilität für offene und versteckte Formen von *(psychischer) Gewalt gegen Kinder* zu fördern, damit ein „Mehr" an Öffentlichkeit herzustellen, Informationen über unspektakuläre, alltägliche (Konflikt-)Situationen zwischen Erwachsenen und Kindern sowie konstruktive, die Bedürfnisse von Erwachsenen und Kindern gleichermaßen einbeziehende Lösungsmöglichkeiten über die Massenmedien Fernsehen, Zeitung und Literatur zu verbreiten, im unmittelbaren Lebenszusammenhang von Verwandten, Freunden und Bekannten Beobachtungen anzustellen und rückzumelden, damit u.U. Gespräche im privaten Rahmen anzuregen, den Gedanken fortzutragen, Kinder ernst zu nehmen, ihre Eigenarten als solche anzuerkennen und zu respektieren, aber auch Bemühungen auf professioneller Ebene, Probleme im Zusammenhang mit *psychischer Gewalt gegen Kinder* in der Aus-, Fort- und Weiterbildung von Sozialen Berufsgruppen zu institutionalisieren[152], letztendlich in verstärktem Maße (Grundlagen-)Forschung zu diesem Problembereich zu betreiben, stellen weitere praktisch umsetzbare Möglichkeiten dar, um in der Öffentlichkeit vorhandene Vorurteile, traditionell-überkommene Denkweisen, Erziehungsvorstellungen und übliche Verhaltensstandards (selbst-)kritisch zu hinterfragen und in der Folgezeit zu überdenken sowie auf wissenschaftlicher Ebene bestehende, fachdisziplinär begründete Denkbarrieren und (forschungs-)methodische Schwierigkeiten zu überwinden.

---

[152] vgl. in diesem Zusammenhang SOMMER 2002.

4. (Auto-)Biographische Forschung und *psychische Gewalt gegen Kinder*

4.1. Methodische Probleme (auto-)biographischer Forschungsansätze

Obwohl wissenschaftlich-systematische Untersuchungen fehlen, mit deren Hilfe die Sichtweisen von Betroffenen thematisiert werden könnten, lassen sich anhand im weitesten Sinne biographischer Zeugnisse[153] aussagekräftige Beiträge von Kindern und Jugendlichen zu den sie in ihrer Lebenswirklichkeit beeinflussenden Gewaltphänomenen finden.

Damit steht dieser Ansatz in der Tradition des seit den 70er Jahren sowohl in der Öffentlichkeit wie in Teilen der sozialwissenschaftlichen Diskussion immer wieder geäußerten Interesses an Subjektivität[154], in dessen Rahmen die Analyse biographischen Materials wie Tagebücher, Briefe, Autobiographien, Lebensgeschichten u.a. einen möglichen methodischen Weg der Erkenntnisgewinnung darstellt.

Während im Zuge des bereits angedeuteten, die Öffentlichkeit und insbesondere die Angehörigen sozialer Berufsgruppen beeinflussenden Sensibilisierungsprozesses für Gewaltphänomene eine nahezu unüberschaubare Flut von Veröffentlichungen subjektiv erlebter *Gewalt* herausgegeben wurde, scheinen (auto-)biographisch ausgerichtete Dokumente von Kindern und Jugendlichen aus anderen historischen Epochen eher Ausnahmen darzustellen.

Dies mag bei hypothetischer Betrachtung auf verschiedene Gründe zurückzuführen sein:
- die heute verwendeten, vielschichtigen Begriffe von *Gewalt* und *Gewalt gegen Kinder* scheint es mit all ihrer Widersprüchlichkeit bis in die 60er Jahre des 20. Jahrhunderts nicht gegeben zu haben;
- Kinder und Jugendliche hatten in der Vergangenheit wesentlich weniger Möglichkeiten als heute, ihre Erfahrungen mit *Gewalt* öffentlich kundzutun;

---

[153] vgl. u.a. FUCHS 1984, KRÜGER/MAROTZKI 1995.
[154] vgl. u.a. FICHTENKAMM 1987, WAHL/HONIG/GRAVENHORST 1982.

- subjektiv gehaltene Berichte von Kindern (Briefe, Tagebücher, Lebenserinnerungen) konnten nicht auf einen bereits angebahnten „Boden" für Themenbereiche von *Gewalt* sensibilisierter Leser treffen;
- die Veröffentlichung literarischer und autobiographischer Beiträge zu Themen der eigenen Kindheit stellt z.T. bis in die heutige Zeit hinein eine Domäne schriftstellerisch begabter Menschen dar[155].

Autobiographische Zeugnisse, die im Zusammenhang mit subjektiv erlebter *Gewalt* eher als eine Erscheinung der Gegenwart angesehen werden müssen, stellen aus literaturgeschichtlicher Sicht eine etwa ab Beginn des 18. Jahrhunderts zunehmend bedeutsamer werdende Quelle kindheitstheoretischer und -geschichtlicher Betrachtungen dar.

Nach Aussagen von BOSCH (1991) verdeutlichen insbesondere „die besten Autobiographien mit ihrer implizierten Kritik von Erziehung und erlittenen Kindheitsverletzungen eine neue Sensibilität, die sich auf die Vorstellung eigener Kindesrechte auswirkte - eine mehr oder minder bewußte Intention, die seither aktuell und Triebfeder vieler kindheitsbiographischer Arbeiten geblieben"[156] sei.

Obwohl biographische Forschung bisher nicht systematisch entwickelte wurde, obwohl vielerorts Unklarheit darüber herrscht, was als Gegenstand bzw. Datengrundlage biographischer Forschungsansätze angesehen werden kann, obwohl „auch die Wissenschaftlichkeit der biographischen Forschung (...) nach wie vor zur Disposition"[157] stünde, lassen sich über die Bearbeitung literarischer Texte und im weitesten Sinne (auto-)biographischer Zeugnisse Hinweise finden, die auf subjektive Beurteilungskriterien und Verarbeitungsformen derer hindeuten, die sich in unmittelbarer Weise von *Gewalt* betroffen fühlen.

---

[155] HARDACH-PINKE/HARDACH (1981) merken in diesem Zusammenhang an, der überwiegende Teil der Autobiographien aus dem 18. und 19. Jahrhundert stamme von Gelehrten, Politikern, Künstlern und Angehörigen der Militärs (vgl. HARDACH-PINKE/HARDACH 1981, 10).
[156] BOSCH 1991, 296.
[157] FICHTENKAMM 1987, 65 (Auslassungen durch d. Verf.).

4.2. Zum Wandel der Beurteilungskriterien von *Gewalt gegen Kinder*

Im Rahmen der Betrachtung des Phänomens *Gewalt gegen Kinder* in Familie, Erziehung und Gesellschaft läßt sich eine Verschiebung der Wert- und Bewertungsmaßstäbe dessen feststellen, was als bedrohend, schädigend und verletzend für Gesundheit und Leben sowie als hemmend und behindernd für die Entfaltung der Entwicklungsmöglichkeiten von Kindern angesehen wird.

Gewaltphänomene können jedoch erst dann in ihrem Auftreten wie in ihrer Bedeutung erkannt werden, wenn dies das politische, soziale und kulturelle „Klima" einer Gesellschaft zuläßt.

So schreiben KEMPE und KEMPE (1980) in diesem Zusammenhang, vor hundert Jahren noch hätte „ein Buch über Kindesmißhandlung nicht geschrieben werden können. Wenn es möglich wäre, einen Forscher aus den siebziger Jahren in das 19. Jahrhundert zurückzuversetzen, so daß er das damalige Familienleben aus moderner Sicht betrachten könnte, würde er überall mißhandelte Kinder sehen. Früher indessen war Kindesmißhandlung für ihre Familien und ihre Kommunen großenteils 'unsichtbar'. Bevor sie als soziales Elend erkannt werden konnten, mußten sich die Sensibilitäten und Perspektiven unseres Kulturkreises ändern"[158].

Auf einige wesentliche Aspekte innerhalb dieser Entwicklung hin zu sich verändernden Beurteilungskriterien von *Gewalt gegen Kinder* sei in der erforderlichen Kürze hingewiesen:

- *Gewalt gegen Kinder* erscheint in der Geschichte der Zivilisation zwar als ein allgegenwärtiges, jedoch erst in der Gegenwart als Problem sozialer Wirklichkeit „entdecktes" Phänomen.

Über den Einfluß der insbesondere in den 70er Jahren blühenden *Gesellschaftskritik* wie auch über den der *Sozialen Protestbewegungen* der 70er und 80er Jahre *(Frauenbewegung, Friedensbewegung* und *Ökologiebewegung)* werden Fragen nach dem Verhältnis zur *Gewalt* neu formuliert, anfangs zu

---

[158] KEMPE/KEMPE 1980, 11.

Gewaltthemen in zwischenmenschlichen Beziehungen, später dann, in umfassenderem Sinne, zu Gewaltphänomenen in Gesellschaft und (internationaler) Politik[159].

- Über den Prozeß der *Wiederentdeckung familialer Gewalt* und der damit einhergehenden politischen Initiative zur Ent-Tabuisierung und Skandalisierung der Phänomene *Gewalt gegen Frauen* und *Gewalt gegen Kinder* wird ein oftmals als beispiellos bezeichneter Sensibilisierungsprozeß für Gewaltphänome-

---

[159] Zum Hintergrund der *Sozialen Protestbewegungen* der 70er und 80er Jahre: Die Vertreter der sogenannten *Antipädagogik* verstehen sich als die deutsche Variante der Internationalen Kinderrechtsbewegung, die wiederum auf Aktivitäten der „Children's Right Movement" Ende der 60er Jahre in den Vereinigten Staaten von Amerika begründet liegt.
In der Bundesrepublik Deutschland der 70er Jahre etablierte sich eine Form von *Gesellschaftskritik*, die beispielsweise die Kinderfeindlichkeit bzw. Menschenfeindlichkeit der bundesdeutschen Gesellschaft anprangerte
Kinderfeindlichkeit war dabei einer der Kampfbegriffe der sich seit Mitte der 70er Jahre formierenden *Kinderrechtsbewegung* in der Bundesrepublik Deutschland.
Die Anhänger der *Antipädagogik* forderten beispielsweise die „Abschaffung der Erziehung", die „Gleichberechtigung des Kindes" in gesellschaftlicher, sozialer, rechtlicher und politischer Hinsicht sowie die Veränderung bestehender Beziehungen zwischen Erwachsenen und Kindern in Richtung auf eine gleichberechtigte Kommunikation und Achtung der Eigenarten und Rechte junger Menschen (vgl. u.a. BRAUNMÜHL 1975, BRAUNMÜHL/ KUPFFER/OSTERMEYER 1976, KUPFFER 1980, SCHOENEBECK 1980 b, 1982 a, 1982 b, 1985; vgl. auch die kritischen Anmerkungen von FLITNER 1982, OELKERS/LEHMANN 1983, WINKLER 1982, WÖLFEL-SCHRAMM 1992).
Die Protestbewegungen der 70er und 80er Jahre, die *Frauenbewegung*, die *Friedensbewegung* und die *Ökologiebewegung*, stellten u.a. Fragen nach dem Verhältnis zur *Gewalt*, zur *Gewalt in zwischenmenschlichen Beziehungen* sowie zur *Gewalt gegen die Natur* in den Mittelpunkt ihrer kritischen Betrachtungen (vgl. u.a. NICKLAS 1988, RASCHKE 1988²).
NICKLAS (1984) geht noch einen Denkschritt weiter, wenn er in diesem Zusammenhang die Behauptung aufstellt, die neuen Protestbewegungen, deren zentrales Problem „die Neubestimmung unseres Verhältnisses zur Gewalt" (NICKLAS 1984, 241) gewesen sei, könnten als „Neubeginn eines Wertwandels in unserer Gesellschaft, als Anzeichen eines Paradigma-Wechsels" (NICKLAS 1984, 240 f.) interpretiert werden.
Im Zuge dieses Prozesses der Sensibilisierung wurde die Erkenntnis gewonnen, daß, wie NICKLAS (1984) es beschreibt, „das Gewaltpotential heute immer mehr seine sinnlich wahrnehmbare Qualität" verlöre, daß „direkte körperliche Gewalt immer mehr ersetzt wird durch subtilere, psychologisierte Formen der Gewalt" (NICKLAS 1984, 245).
Die Problembereiche *Gewalt gegen Frauen* und *Gewalt gegen Kinder* wurden von auf subjektiven Erlebnissen mit *Gewalt* aufbauenden Veröffentlichungen betroffener Frauen und Kinder in Form von Berichten aus Frauenhäusern und Kinderschutz-Zentren (vgl. u.a. ERNST/STAMPFEL 1991, JUNGJOHANN 1991, NAWRATH 1990, WINKELS/NAWRATH 1990) aus den bis dahin geltenden Tabuzonen befreit und öffentlich skandalisiert (vgl. u.a. HONIG 1992).

ne in Erziehung, Gesellschaft und Politik sichtbar, in dessen Zuge auch die bis dahin tabuisierten Probleme *familialer Gewalt* diskutiert werden[160].

- Subjektiv gehaltene Berichte aus Frauenhäusern und Kinderschutzzentren sowie Schilderungen von sensibilisierten Professionellen stellen qualitativ andere, in der bisher veröffentlichten wissenschaftlichen Literatur nicht oder nur in unzureichendem Maße rezipierte Quellen zur Erhellung verschiedener Phänomene *familialer Gewalt* dar[161].

- Obwohl das Problem der *körperlichen* und *seelischen/emotionalen Kindesmißhandlung* bereits um die Jahrhundertwende vereinzelt in wissenschaftlichen Kreisen diskutiert wurde, konnten die dabei gewonnenen, jedoch lediglich in unsystematischer Weise aufbereiteten Erkenntnisse nicht in eine öffentliche Diskussion einmünden.

Die Gefahr der „Verletzung des Wohles Minderjähriger (... und, Zusatz d. Verf.) die gesunde Entwicklung des Minderjährigen"[162] wurde bereits von DUENSING (1903) thematisiert und in der Folgezeit auch von modernen Autoren übernommen, „häufig allerdings, ohne diese Arbeit als Quelle zu nennen"[163].

In diesem Zusammenhang sei auch auf den allerdings beschränkten Einfluß der sogenannten *Antipädagogik* hingewiesen, die sich als deutsche Variante der Internationalen Kinderrechtsbewegung verstanden wissen will.

Eines ihrer programmatischen Ziele ist die „Abschaffung der Erziehung", die nach Meinung der *Antipädagogen* durch eine auf Gleichberechtigung aufbauende gesellschaftliche und rechtliche Stellung von Kindern und Jugendlichen ersetzt und durch einen partnerschaftlichen Umgang zwischen Erwachsenen und Heranwachsenden abgelöst werden soll.

---

[160] vgl. u.a. HONIG 1992, 22 f.
[161] vgl. HONIG 1990 c, 354.
[162] DUENSING 1903, 10 f. (Auslassungen durch d. Verf.).
[163] GRIES/VOIGT 1989, 44; in diesem Zusammenhang nennen GRIES/VOIGT (1989) als „moderne" Autoren BIERMANN 1969 und TRUBE-BECKER 1982.

Trotz aller berechtigten Kritik an den z.T. exzentrisch anmutenden Vorstellungen der *Antipädagogen* bleibt ihnen dennoch zumindest teilweise der Verdienst zuzuschreiben, auf Mißstände im Bereich kindlicher Lebensbedingungen hingewiesen zu haben[164].

- Der aktuelle Forschungsstand des bisher lediglich phänomenologisch bzw. philosophisch-theoretisch aufgearbeiteten Problemfeldes der *seelischen Gewalt gegen Kinder* konnte seit der Dissertation von LEVETZOW (1934) um keine wesentlichen neuen Erkenntnisse bereichert werden. Dies liegt offensichtlich in bestehenden methodischen und methodologischen Problemen begründet; die Folgen *psychischer Gewalt* sind weder objektivierbar, noch lassen sich eindeutig als kausal zu bezeichnende Beziehungen zwischen gewalttätigen Personen/gewaltförmigen Lebensbedingungen und beispielsweise psychischen Störungen von Kindern erkennen.

4.3. *Gewalt gegen Kinder* - Ausgewählte Beispiele aus der autobiographischen Literatur

4.3.1. Ausgewählte literarische Vorlagen

Stimmte man der Ansicht MILLERs (1980) zu, es seien „nicht die Psychologen, sondern die Dichter, die der Zeit vorausgehen"[165], so könnten Gottfried KELLERs „Der grüne Heinrich"[166], Hermann HESSEs „Unterm Rad"[167] und Emil STRAUSS' „Freund Hein"[168] als erste Beispiele einer literarischen, z.T. autobiographische Züge tragenden Bearbeitung von Themen im Zusammenhang mit *Kindheit* und i.w.S. *Gewalt gegen Kinder* genannt werden.

---

[164] vgl. Literatur der *Antipädagogen* wie z.B. BRAUNMÜHL 1975, BRAUNMÜHL/KUPFFER/OSTERMEYER 1976 und die Veröffentlichungen von SCHOENEBECK.
[165] MILLER 1980, 319.
[166] Gottfried KELLER, Der grüne Heinrich. München 1987 (nach der Textfassung der Ausgabe von 1853).
[167] Hermann HESSE, Unterm Rad. Roman. Frankfurt/Main 1970.
[168] Emil STRAUSS, Freund Hein. Eine Lebensgeschichte. Berlin 1900.

Diese Romane dokumentieren in eindrucksvoller Weise die sich ab der Jahrhundertwende abzeichnende Diskussion um das Verhältnis von Jugend, Schule, Familie und Gesellschaft[169].

Auch in dem Roman „Fanny und Alexander" von Ingmar BERGMAN (1983)[170], der die Geschichte einer Großfamilie in einer schwedischen Kleinstadt schildert, kommen einige der das Phänomen *Gewalt gegen Kinder* charakterisierenden Verhaltensweisen, Einstellungen und Gefühle von Erwachsenen und Kindern zum Ausdruck, wie sie in der Zeit um die Jahrhundertwende (19./20. Jahrhundert) üblich gewesen sein mögen.

In einer kleinen schwedischen Provinzstadt heiratet um die Jahrhundertwende die verwitwete Schauspielerin Emilie Ekdahl den Bischof Edvard Vergerus und zieht mit ihren drei Kindern aus erster Ehe, Amanda, Fanny und Alexander, in die bischöfliche Residenz.

Wegen der Schilderungen Alexanders, er habe „im Traum" erfahren, daß der Bischof seine erste Frau und seine Kinder „ohne etwas zu essen oder Wasser eingeschlossen"[171] habe, sie zwar versuchten, durch ein Fenster zu entfliehen, dabei jedoch ertrunken seien, wirft Bischof Vergerus seinem Stiefsohn Alexander vor, er beschuldige ihn in Gegenwart seiner Geschwister und des Dienstmädchens Justina des Mordes an seiner ersten Frau und den Kindern.

Vergerus strengt, der Wahrheitsfindung dienend, einen Prozeß an, in dem die Aussagen der Hauptzeugin Justina denen des der Lüge und des Meineides beschuldigten Alexander gegenübergestellt werden.

Vergerus *(sanft)*:

Alexander, mein Junge. Du hast mich in Gegenwart deiner Geschwister und Justinas beschuldigt, meine Frau und meine Kinder ermordet zu haben.

Alexander: Das ist nicht wahr.

---

[169] vgl. u.a. HARDACH-PINKE 1981, 198 ff.
[170] Ingmar BERGMAN, Fanny und Alexander. Roman in sieben Bildern. München, Wien 1983.
[171] BERGMAN 1983, 146.

Vergerus: Justina, möchtest du bitte deine Erzählung wiederholen.

Justina: Alexander hat behauptet, daß er die tote Frau Bischof und ihre Kinder gesehen hat. Sie soll zu ihm gesprochen haben. Sie soll zu ihm gesagt haben, daß ihr Mann, Seine Hochwürden, der Bischof, sie im Zorn zusammen mit den Kindern in dem damaligen Schlafzimmer ohne etwas zu essen oder Wasser eingeschlossen hat. Am fünften Tag versuchten sie, durchs Fenster zu fliehen, sind aber beim Fluchtversuch ertrunken.

Vergerus: Erkennst du diese Erzählung wieder?

Alexander: Nein.

Vergerus: Du behauptest also, daß Justina ein falsches Zeugnis ablegt?

Alexander: Sie muß geträumt haben.

Vergerus: Justina, bist du bereit, deine Aussage zu beeiden?

Justina *(macht einen Knicks)*:

Ja, Hochwürden.

Vergerus: Das ist gut, Justina. Haben Fanny und Amanda Alexanders Erzählung gehört?

Amanda: Nein.

Fanny *(flüstert)*:

Warum kneifst du mich?

(Zum Bischof): Nein.

Vergerus: Ihr leugnet also, etwas gehört zu haben?

Amanda: Ich erinnere mich nur, daß Justina erzählte, sie hätten die Frau Bischof und die Kinder unter der Brücke neben dem Dom gefunden und daß man gezwungen gewesen war, sie zu zersägen, um sie in die Särge reinzukriegen.

Vergerus: Justina, hast du das gesagt?

Justina *(flüstert)*: Ja.

Es folgt ein langes Schweigen. Das Gesicht des Bischofs schwillt an, es ist groß und schrecklich, übermenschlich. Seine Stimme ist gleichwohl unverändert leise und freundlich.

Vergerus *(zu Alexander)*:
Du hältst daran fest, daß Justina gelogen oder geträumt hat?
Alexander: Ja.
Vergerus: Bist du bereit, deine Aussage zu beeiden?
Alexander: Selbstverständlich.
Vergerus: Es ist eine Todsünde, falsch zu schwören, Alexander. Man nennt das einen Meineid und es wird hart bestraft.
Alexander: Aha.
Alexander stellt sich auf das andere Bein, steckt die Hand in die Seite und leckt sich die trockenen Lippen. Jetzt ist alles egal. Das Leben ist zu Ende. Jetzt trifft ihn Gottes Strafe. Verdammter, nachtragender, verfluchter Gott.
Vergerus: Sei so nett und komm hierher zum Tisch. Leg deine linke Hand auf die Bibel und sprich mir nach: Ich, Alexander Ekdahl, schwöre bei der Heiligen Schrift und beim lebendigen Gott -
Alexander *(mit fester Stimme)*:
Ich, Alexander Ekdahl, schwöre bei der Heiligen Schrift und beim lebendigen Gott -
Vergerus: - daß alles, was ich gesagt habe, sage und sagen werde, die Wahrheit und nichts als die Wahrheit ist.
Alexander: - daß alles, was ich gesagt habe, sage und sagen werde, die Wahrheit und nichts als die Wahrheit ist. Darf ich jetzt gehen?
Vergerus: Du willst schon gehen?
Alexander: Es gibt nichts mehr zu sagen. Wie will Justina beweisen, daß sie nicht geträumt hat?
Vergerus: Sag mir mal etwas. Wie gefällt es dir hier bei uns im Bischofshaus?
Alexander: Wie einer Schlange in einem Ameisenhaufen. Nur noch schlechter.

Vergerus: Du magst deinen Stiefvater nicht, nicht wahr?

Alexander: Muß ich darauf antworten?

Vergerus: Erinnerst du dich, daß wir beide vor etwa einem Jahr ein ziemlich ernstes Gespräch gehabt haben? Es ging dabei um bestimmte Moralfragen.

Alexander: Ein Gespräch ist das wohl nicht gewesen.

Vergerus: Was willst du damit sagen?

Alexander: Sie haben gesprochen, Herr Bischof, ich habe geschwiegen.

Vergerus: Geschwiegen und dich geschämt, wegen deiner Lügen.

Alexander: Ich bin seitdem klüger geworden.

Vergerus: Du meinst, daß du besser lügst.

Alexander: So ungefähr. Ja.

Vergerus: Ich weiß nicht, was du dir vorstellst, Alexander. Hältst du das hier für einen Spaß? Glaubst du, daß man die Ehre eines anderen Menschen ungestraft schänden darf? Glaubst du, daß man ohne Folgen lügen darf, sich wenden und drehen und einen Meineid schwören darf? Glaubst du, daß wir miteinander spielen, Alexander? Oder glaubst du wirklich, daß dies eine Art Theaterstück ist, in dem jeder seine Repliken so aufsagt, wie es sich gerade ergibt?

Alexander: Ich glaube, daß Sie mich hassen, Herr Bischof. Das ist es, was ich glaube.

Vergerus: Aha, das ist es also, was du glaubst.

Pause.

Jetzt will ich dir einmal etwas sagen, mein Junge. Etwas, was dich vielleicht erstaunen wird. Ich hasse dich nicht. Ich liebe dich. Aber die Liebe, die Liebe, die ich für dich und deine Mutter hege, ist nicht blind, und sie sieht nicht alles nach. Sie ist stark und streng, Alexander. Wenn ich dich bestrafen muß, leide ich mehr, als du ahnst. Aber meine Liebe zu dir zwingt mich, aufrichtig zu sein. Sie zwingt mich, dich zu erziehen und dich zu formen, auch wenn es weh tut. Hörst du, was ich sage, Alexander?

Alexander: Nein.

Vergerus: Du verhärtest dich. Außerdem beurteilst du die Situation falsch. Ich bin nämlich viel stärker als du.

Alexander: Das bezweifle ich überhaupt nicht.

Vergerus: Seelisch stärker, mein Junge. Das liegt daran, daß ich die Wahrheit und die Gerechtigkeit auf meiner Seite habe. Ich weiß, daß du nach einiger Zeit gestehen wirst. Du wirst dein Geständnis und deine Strafe als eine Erleichterung erleben, und wenn deine Mutter heute abend wiederkommt, ist alles aus der Welt, Alexander, du siehst selbst ein, daß das Spiel verloren ist, aber du bist stolz und hartnäckig, und dann schämst du dich natürlich.

Alexander: Einer von uns sollte sich schämen. Das ist richtig.

Vergerus: Du mußt verstehen, daß deine Unverschämtheiten deiner Sache nicht dienen. Sie bestärken nur meinen Verdacht.

Alexander: Ich habe vergessen, was ich gestehen soll.

Vergerus: Aha. So ist das.

Alexander *(nach einer langen Pause)*: Was, Herr Bischof, soll ich gestehen?

Vergerus: Du weißt, daß mir Mittel zur Verfügung stehen.

Alexander: Das habe ich nicht gewußt, aber jetzt weiß ich es.

Vergerus: Wirkungsvolle Mittel.

Alexander: Das klingt nicht lustig.

Vergerus: In meiner Kindheit war man nicht so gefühlsduselig. Kleine Schurken wurden exemplarisch, aber liebevoll bestraft. Damals gab es den Rohrstock, den gibt es hier auch, er liegt da auf dem Tisch; es ist ein ganz gewöhnlicher Teppichklopfer, aber er kann recht gut tanzen. Dann hatten wir noch ein Mittel, das wirklich durchschlagend war, nämlich das Rizinusöl. Siehst du, Alexander, da steht die Flasche, und da steht ein Glas. Man wird ziemlich klein und häßlich, wenn man ein paar Schlucke getrunken hat. Und wenn das Rizinusöl nicht half, gab es da noch ein dunkles und ziemlich kaltes

Kabuff, in dem man ein paar Stunden sitzen durfte, bis die Ratten anfingen, einem im Gesicht herumzuschnuppern.

Siehst du, da unter der Treppe, Alexander, dort ist ein ziemlich geräumiges Loch, das auf dich wartet.

Dann gibt es natürlich noch andere, barbarischere Methoden, aber die mißbillige ich, sie waren demütigend und gefährlich und kommen nicht mehr in Frage - heutzutage nicht mehr.

Alexander: Was bekomme ich für eine Strafe, wenn ich gestehe?

Vergerus: Das darfst du selber bestimmen, Alexander.

Alexander: Warum muß ich bestraft werden?

Vergerus: Das ist vollkommen selbstverständlich, mein Junge. Du hast eine Charakterschwäche, du kannst Lüge nicht von Wahrheit trennen. Noch bist du ein Kind, und deine Lügen sind die Lügen eines Kindes (wie entsetzlich sie auch sein mögen). Aber bald bist du ein erwachsener Mann, und das Leben straft Lügner ohne Liebe und Rücksicht. Die Strafe soll dich lehren, die Wahrheit zu lieben.

Alexander: Ich gestehe, daß ich diese Geschichte, daß Sie die Frau Bischof und die Kinder eingeschlossen haben, erfunden habe.

Vergerus: Gestehst du auch, daß du einen Meineid geschworen hast?

Alexander: Na schön, das gestehe ich auch.

Vergerus: Jetzt hast du einen großen Sieg über dich errungen, mein Junge. Einen Sieg über dich selbst. Welche Strafe wählst du?

Alexander: Wieviele Schläge mit dem Rohrstock bekomme ich?

Vergerus: Nicht weniger als zehn Schläge.

Alexander: Dann wähle ich den Rohrstock.

Vergerus: Knöpf die Hose auf und zieh sie runter. Stell dich ans Sofa und beuge dich nach vorn. Schieb dir eines der Kissen unter den Bauch.

Jetzt folgen zehn nicht allzu harte Schläge mit dem Rohrstock. Alexander schweigt, beißt sich in die Hand, die Tränen laufen aus Augen und Nase, er ist dunkelrot im Gesicht, und unter der aufgerissenen Haut sickert Blut hervor.

Vergerus: Steh auf Alexander.

Alexander steht auf.

Vergerus: Du hast mir etwas zu sagen.

Alexander: Nein.

Vergerus: Du sollst mich um Verzeihung bitten.

Alexander: Niemals.

Vergerus: Jetzt mußt du dich auspeitschen lassen, bis du auf bessere Gedanken kommst, Alexander. Kannst du uns beiden ein derart unangenehmes Erlebnis nicht ersparen?

Alexander: Ich werde niemals um Verzeihung bitten.

Vergerus: Du bittest nicht um Verzeihung?

Alexander: Nein.

Vergerus: Zieh die Hosen runter. Leg dich vornüber. Schieb das Kissen unter den Bauch.

Er gedenkt zu schlagen.

Alexander: Schlag nicht mehr!

Vergerus: Dann bittest du also um Verzeihung?

Alexander: Ja.

Vergerus: Knöpf dir die Hose zu. Putz dir die Nase. Gib ihm ein Taschentuch, Justina. Was hast du zu sagen?

Alexander: Ich bitte Sie um Verzeihung, Herr Bischof.

Vergerus: - für die Lügen und den Meineid.

Alexander: - für die Lügen und den Meineid.

Vergerus: Du verstehst, daß ich dich aus Liebe bestraft habe?

Alexander: Ja.

Vergerus: Küß mir die Hand, Alexander!

Alexander *(küßt dem Bischof die Hand)*: Darf ich jetzt schlafen gehen?

Vergerus: Das darfst du, mein Junge. Aber um dir Gelegenheit zu geben, die Ereignisse des Tages in aller Ruhe zu überdenken, sollst du auf dem Boden schlafen. Justina wird dir eine Matratze und eine Wolldecke raufbringen. Morgen früh um sechs Uhr schließt Henrietta die Tür auf, und du bist frei. Ist das gut so, Alexander?

Alexander: Ja, Hochwürden.[172]

Nach der Rückkehr von Emilie Ekdahl, der Mutter von Fanny, Amanda und Alexander, auf die bischöfliche Residenz spielt sich die folgende Szene ab:

Die Mutter liegt auf Amandas Bett. Sie hat den Mantel nicht ausgezogen. Alexander hat sich an ihrer Seite zusammengerollt, den Kopf gegen ihren Arm gestützt. Fanny sitzt am Fußende, und Amanda hat an der Tür zum Korridor eine strategische Position eingenommen. Langes Schweigen. Es wird rasch dunkel. Jetzt sind die Schritte des Bischofs zu hören. Er macht die Tür auf, ohne anzuklopfen; bleibt auf der Schwelle stehen.

Vergerus: Willkommen daheim, Emilie. Du bist lange weggeblieben.

Pause.

Wir haben schon angefangen, unruhig zu werden.

Pause.

Frau Tander läßt fragen, ob du etwas zu essen haben willst.

Emilie: Ich habe keinen Hunger.

Vergerus: Dann werde ich ihr das sagen.

Pause.

Kommst du bald, um schlafen zu gehen?

Pause.

Es ist spät.

---

[172] vgl. BERGMAN 1983, 145-152.

Emilie: Ich komme, wenn die Kinder eingeschlafen sind.

Vergerus: Ich gehe so lange in die Bibliothek und lese. Bitte bleib nicht zu lange.
Pause.
Gute Nacht, Kinder. Wir hatten uns eigentlich darauf geeinigt, daß Alexander heute nacht auf dem Boden schläft, aber wie ich sehe, ist der Beschluß geändert worden.

Emilie: Ja.
Pause.
Er ist geändert worden.

Vergerus: Also bitte, bitte. Es ist vielleicht besser so. Gute Nacht, Fanny.

Fanny: Gute Nacht, Onkel Edvard.

Vergerus: Gute Nacht, Amanda.

Amanda: Gute Nacht, Onkel Edvard.

Vergerus: Gute Nacht, Alexander.
Alexander antwortet nicht.

Vergerus: Schläft er?

Alexander: Nein, ich schlafe nicht.

Vergerus: Dann kannst du mir auch antworten, wenn ich dir eine Gute Nacht wünsche.

Alexander: Das kann ich nicht.

Vergerus: Kann nicht?
Lächelt.
Was ist das für ein Unsinn, Alexander?

Alexander: Ich wünsche Ihnen keine Gute Nacht, Herr Bischof.

Vergerus *(lacht)*: Du hast Humor, Alexander, und das mag ich.
Er lacht noch mehr und macht die Tür zu. Die Schritte entfernen sich. Mutter und Kinder liegen still, jeder in seine Gedanken versunken[173].

---

[173] vgl. BERGMAN 1983, 167-169.

In der Folgezeit kommt es zu einer Auseinandersetzung zwischen Emilie Ekdahl und dem Bischof Vergerus:

Vergerus: (...) Alexander und ich hatten am Nachmittag eine Auseinandersetzung. Die alte Geschichte. Es fällt ihm schwer, Phantasie und Wirklichkeit auseinanderzuhalten. Aber wir haben die Begriffe geklärt. Jedenfalls teilweise. Alexander ist nicht dumm. Er ist nicht dumm, aber nachtragend. *Lacht.* Alexander wünscht dem Herrn Bischof keine Gute Nacht. Das ist wirklich köstlich. Irgendwie schätze ich seinen Charakter. Er ist ganz einfach ein kleines Original. Du sagst nichts, Emilie? *Pause.* Bist du denn wegen irgendwas böse? Du hast absolut keinen Grund, dir das eine oder andere vorzuwerfen..

Emilie *(nach einer Pause)*: Du bist nicht bei Trost.

Vergerus *(lächelnd)*: Ich muß zugeben, daß ich dich am wenigsten anziehend finde, wenn du dir Mühe gibst, vulgär zu sein. Wie gesagt, ich könnte mir vorstellen, nach diesem oder jenem zu fragen, aber ich suche keinen Streit, darum schweige ich.

Emilie: Du schließt die Kinder ein.

Vergerus: Eine Sicherheitsvorkehrung, Emilie. Ich wollte eine Garantie dafür haben, daß du zurückkommst.

Emilie: Du hast Alexander mißhandelt.

Vergerus: Du drückst dich so dramatisch aus, liebe Emilie. Ich habe ihn bestraft. Das ist meine Schuldigkeit als Erzieher. Außerdem war die Strafe im Verhältnis zu dem Verbrechen mild.

Emilie: Er blutet, und die Haut hängt in Fetzen.

Vergerus: Verzeih, daß ich dich unterbreche, meine Liebe. Ich habe ihm ein paar Hiebe gegeben. Das brennt ein paar Tage lang auf dem Schinken, aber es brennt gesund. Der junge Mann wird sich künftig einiges überlegen, bevor er sich neuer Lügen oder Phantasien schuldig macht, wenn du es lieber so nennen möchtest.

Emilie: Und die Demütigung?

Vergerus: Gott beugt uns in der Strafe. Das mag demütigend erscheinen, ist aber notwendig. Außerdem, Emilie: Eine liebevolle Bestrafung kann in einem tieferen Sinn niemals demütigend sein. Liebe und Rücksicht haben nichts gemeinsam, und die Sprache der Liebe kann ziemlich streng sein.

Emilie: Du hast es nötig, von Liebe zu sprechen.

Vergerus: Du erlaubst dir, höhnisch zu sein?

Pause.

Wollen wir dieses Gespräch beenden und zu Bett gehen?

Emilie: Du hast ihn auf dem Boden eingeschlossen.

Vergerus: Selbstverständlich. Er mußte mal allein sein.

Emilie: Du weißt, daß er im Dunkeln Angst hat.

Vergerus: Die Nächte sind hell um diese Jahreszeit, und wenn man ein reines Gewissen hat, braucht man nichts zu fürchten.

Emilie: Ich könnte dich umbringen.

Vergerus: Du schadest dem Kind mit solchen Gedanken.

Emilie: Unser Kind wird nie geboren werden.

Vergerus: Sei vorsichtig mit dem, was du sagst, Emilie.

Pause.

Eine Mutter, die sich in krankhaftem Haß auf ihren Mann an ihrem Kind vergehen will. Was soll man mit einer solchen Mutter anfangen?

Pause.

Das Hospital, Emilie.

Emilie: Du jagst mir keine Angst ein.

Vergerus: Ich muß dir Angst einjagen. Aber ich tue es schweren Herzens, weil ich dich trotz allem liebe.

Er steht auf und geht zu ihr.

Vergerus: Du mußt endlich begreifen, daß du mir gehorchen mußt, daß du dich unterwerfen mußt, daß du deine Schuldigkeit als Gattin und Mutter erkennen mußt. Du bist nicht stark, Emilie, und die Schwangerschaft zehrt an deinen Kräften. Von jetzt an sollst du dich in einem Zimmer aufhalten, das wir dir auf die bequemste Art und Weise herrichten werden. Henrietta und meine Mutter werden sich in deiner Pflege ablösen. Deine Freiheit wird bis auf weiteres etwas begrenzt sein. Wir müssen sehr vorsichtig sein.
Pause.
Du mußt auch wissen, daß der geringste Versuch von deiner Seite, zu revoltieren oder dich mit der Außenwelt in Verbindung zu setzen, auf das Wohlbefinden deines Kindes Rückwirkungen haben wird. Du bist blaß vor Haß und Zorn, Emilie. Ich rate dir, ruhig und mutig zu sein. Du hast in einer künstlichen Welt gelebt, eingeschnürt in künstliche Gefühle. Ich muß dich und deine Kinder lehren, in der Wirklichkeit zu leben. Es ist nicht meine Schuld, daß die Wirklichkeit eine Hölle ist. In dieser Welt, Emilie, in dieser Wirklichkeit ist Jesus Christus gefoltert und getötet worden.
Pause.
Durch deine Verantwortungslosigkeit hast du mich gezwungen, die Verantwortung zu übernehmen, nicht nur für deine Kinder, sondern auch für dich. Sie ist schwer, und ich fühle eine furchtbare Einsamkeit.
Emilie unterdrückt einen Schrei.
Vergerus *(zärtlich)*: Ich bin ein gewöhnlicher Mensch mit großen Fehlern, aber ich verwalte ein mächtiges Amt. Das Amt ist immer größer als sein Inhaber. Der Mensch, der im Amt lebt, ist der Sklave seines Amtes. Er hat nicht das Recht auf eigene Meinungen. Er ist für seine Mitmenschen da, nur in seiner Unterwerfung ist er lebendig. Seine Sklaverei ist seine Freiheit. Ich liebe dich, Emilie, ich liebe dich mehr als irgendeinen anderen Menschen auf dieser Welt. Gott ist mein Zeuge. Aber du bedrohst mein Amt durch deine wahnwitzigen und gefährlichen Ausbruchsversuche und durch dein ständiges Ge-

rede von Scheidung. All das muß gebrochen werden, Emilie. Du mußt lernen, dich demütig unter die Macht zu beugen, der wir beide dienen.
Emilie schreit. Edvard schlägt sie auf den Mund.
Emilie: Ich verfluche dich. Ich verfluche dein Kind, das ich trage. Ich werde es mit eigenen Händen herausreißen und werde es vernichten, so wie man ein gefährliches Tier vernichtet. Jeden Tag, jede Stunde werde ich deinen Tod wünschen, und ich werde mir eine Qual ausdenken, die entsetzlicher ist als alles, was sich ein normaler Mensch vorstellen kann.
Vergerus: Jetzt wandern wir durch das Tal der Tränen, Emilie. Wir wandern durch das Tal der Tränen und machen es reich an Quellen[174].

Diesen in Form eines Romans ausgearbeiteten Schilderungen Ingmar BERG-MANs (1983) aus der Zeit der Jahrhundertwende wird im folgenden die literarische Bearbeitung des Themenbereiches *familialer Gewalt* von Ania CARMEL (1993)[175] gegenübergestellt, anhand derer ein Eindruck dessen vermittelt werden kann, wie sich das Problem *familialer Gewalt* unter gegenwärtigen Bedingungen darstellen kann.

Mit dem Begriff der Gegenüberstellung wird dabei nicht die Vorstellung verbunden, die Gewaltförmigkeit innerhalb sozialer Beziehungen und aktives Gewalthandeln früherer Zeiten, die in unmittelbarer Weise sinnlich wahrnehmbar waren, mit den eher subtil wirkenden (modernen) Formen von *Gewalt gegen Kinder* zu vergleichen.

Dies bedeutete nämlich, historisch und kulturell vergleichend zu argumentieren, ein Versuch, bei dem der Gewaltbegriff als Kriterium des Vergleiches dienen soll; bei diesen Bemühungen müßte die Frage unbeantwortet bleiben, ob diese verschiedenen Formen von *Gewalt* überhaupt miteinander verglichen werden könnten[176].

---

[174] vgl. BERGMAN 1983, 167-173.
[175] CARMEL, Ania, Lämmer. Roman. Zürich 1993.
[176] vgl. SOMMER 1995.

In ihrem Roman „Lämmer" beschreibt Ania CARMEL (1993) die z.T. widersprüchlich erfahrene Lebenswirklichkeit zweier Geschwister, die einerseits unter von ihrem Vater ausgehendem physischen und psychischen Gewalthandeln zu leiden haben, die sich aber andererseits von der sich des Widerstandes gegenüber ihrem Ehemann unfähig erweisenden Mutter rückhaltlos geliebt fühlen.

Im folgenden werden einige Ausschnitte aus dem Roman „Lämmer" (1993) zitiert, die zwar aus ihrem unmittelbaren Zusammenhang herausgerissen, dennoch verständlich werden (erzählt wird dabei aus der Sicht der Schwester):

„Wir sind zu dritt im Wohnzimmer. Der da herumfuchtelt, schreit, sich erregt: unser Vater, und wir, seine Schachfiguren. Uns vorzustellen hat keinen Sinn. Was wir denken, ist ihm gleichgültig; was wir tun müssen, bestimmt er.

(...)

Die Schachfiguren haben ein Geschlecht. Männlich mein älterer Bruder, und ich weiblich.

Unser Vater ist ein Geschenk, das uns die Vorsehung irrtümlicherweise aufzwang. Wir, wir sind das Ergebnis eines Rechenfehlers im Menstruationszyklus unserer Mutter.

(...)

Er gerät außer sich, ohrfeigt uns. Sein Schlag ist kraftlos geworden, er hat sich durch die Gewohnheit abgenutzt.

(...)

Die Gewalt kennt uns. Und von Tränen mochten wir nur das Salz. (...) 'Seid ihr verrückt geworden?' Sie ist hereingekommen, ohne anzuklopfen. Unsere Mutter. (...) Wir geben ihr keine Antwort. Sie würde nicht begreifen wollen. Sie hat nie den Mut gehabt, sich aufzulehnen, ihre Koffer zu packen und uns mitzunehmen. Sie ist eine Schachfigur ohne Zukunft. (...) Von ihr wissen wir, dass es die Liebe gibt. (...) Wir lieben sie für alles, was sie mit einer Geste zu geben vermag, und verachten sie dafür, sich nicht scheiden zu lassen. Eines Tages werden wir ihre Koffer packen und sie mitnehmen.

(...)
Unsere Mutter hat Angst. Sie kennt solche Szenen, die mit einem trockenen Lachen beginnen, gefolgt von einem Löffel Suppe. Unser Vater ist laut beim Essen. Wird immer lauter, ein Zeichen seiner Erregung. Ein alltäglicher Vorgang. (...) Er erhebt sich und fordert uns auf, ihm in unser Zimmer zu folgen. Eine Stunde später ist unser Zimmer leer. Er hat alles aus dem Fenster geworfen.
(...)
Wir begegnen dem Herrn Pfarrer. 'Guten Tag, meine Kinder'. Dieses Wort besagt nichts. Wir sind niemandes Kinder. Wir antworten höflich: 'Guten Tag, Herr Pfarrer.'
Er will uns über das Haar streichen. Wir weichen zurück. Seine Hand versucht noch immer, uns zu erreichen. Er verzichtet ebensowenig auf seine Autorität wie wir auf unsere Unabhängigkeit.
'Wir mögen Ihre Geste nicht, Herr Pfarrer.' Dieser Widerstand verletzt ihn, aber er lässt sich nichts anmerken.
'Habt keine Angst, ich will nur euer Bestes. Es ist eine Geste der Liebe.'
Wie das glauben? Die Gesten ähneln sich alle. Auch unser Vater fährt uns zärtlich durch die Haare, dann über den Nacken, den er immer kräftiger massiert, bis uns angst wird.
(...)
Unsere Mutter. (...) Sie spricht. Sie sieht uns nicht, dennoch richtet sich ihre Stimme an uns, sie aber weilt woanders (...). 'Euer Vater ist ein Kind, das nur mich hat, um sich seine Schwächen verbinden zu lassen. Und jene Momente, in denen ich in seinen Augen existiere, genügen mir.' (...) 'Ich habe es nicht verstanden, euch meine Liebe zu zeigen.'
'Aber du hast doch alles für uns getan.'
'Gewiss ... Ich habe die Arme für euch geöffnet, und ihr habt euch daran geklammert, aber sie waren nicht stark genug, um euch Vertrauen in eure eige-

nen Schritte zu geben, und ihr seid hingefallen. Als ihr wieder aufgestanden seid, ist euer Panzer so fest geworden, dass euch kein Schlag mehr verletzt und keine Träne mehr über eure Wangen läuft.'

'(...) Mein ganzes Leben lang habe ich gespürt, dass meine Existenz erst bei meinem Tod einen Sinn bekommen würde, aber ich habe nie gewusst, warum, und wem es nützen könnte. Jetzt weiß ich, dass es euch gewidmet ist und dass ich euch aus der Welt, die bald die meine sein wird, wieder weinen und lieben lehren kann.'

(...)

Unser Vater ist ruhig. Er streckt beide Hände aus, viel zu weit geöffnet, um etwas entgegenzunehmen; Hände, die vorrücken und kaum zittern, sanfter als eine Gewalt, die sich versteckt.

'Gebt mir dieses Photo.'

Er wiederholt sich nicht. Erst ist es die Warnung gewesen, und jetzt die Drohung, ausgesprochen mit derselben gezügelten Ungeduld. Es sind seine Hände, die uns warnen. Sie legen sich auf unsere Köpfe. Langsam. Sie verlassen unser Haar, gleiten unseren Nacken entlang und schlängeln sich auf einem Finger zu unseren Kehlen. Dort drücken sie zu. Sie ziehen sich noch etwas zusammen (...). Wir könnten uns mit Fusstritten und Fausthieben wehren. Wir widersetzen uns durch unser Schweigen. Er spannt seine Muskeln, wir die unseren. (...) 'Hör auf!' Unsere Mutter hat sich auf ihn gestürzt.

'Hör endlich auf!'

Sie schreit und kratzt ihn. Er stösst sie heftig zurück. Sie prallt gegen die Wand. Unser Vater erstarrt. Es ist das erste Mal, dass er ihr gegenüber handgreiflich wird. Es ist auch das erste Mal, dass sie ihm dazu Anlaß gibt. Die Schachfigur revoltiert. Sie ist nicht den Hausmeister holen gegangen, sie hat uns nicht beschworen nachzugeben, sie hat gehandelt. Die Schachfigur stirbt. Es ist Zeit, ihr den Koffer zu packen und sie mitzunehmen. Unser Vater geht aus dem Zimmer. Er hat gezögert. Ein Blick zuviel auf unsere Mutter hat ihm ein Gewissen zurückgegeben. Sie, sie hat Tränen zu vergiessen. Bedauert schon, vergessen zu wollen."[177]

Bei dem Versuch einer kritischen Reflexion und Einordnung dieser Szenen darf nicht vergessen werden, daß es sich bei den Textausschnitten aus BERGMANs „Fanny und Alexander" (1983), gemessen an den zu Zeiten der Jahrhundertwende vorherrschenden Normen und Wertvorstellungen, keineswegs um *Gewalt gegen Kinder* im heutigen Sinne gehandelt hat.

Angesprochen werden in den Szenen aus „Fanny und Alexander" u.a. das auf Ungleichheit aufbauende Machtverhältnis des Stiefvaters seinem vermeintlich renitenten Stiefsohn gegenüber, das vor allem auf körperlicher Gewaltausübung beruhende Erziehungs- und Bestrafungsmonopol Erwachsener (Eltern), die scheinbare moralische Überlegenheit Erwachsener gegenüber Kindern sowie das aus heutiger Sicht grausam und unmenschlich anmutende Verhalten des Bischof Vergerus, das jedoch, aus zeitgenössischer Sicht betrachtet, keineswegs als *Gewalt* bewertet wurde, sondern in den Bereich des üblichen Verhaltensstandards, gängiger Erziehungspraktiken und entsprechender Wertvorstellungen einzuordnen ist.

Erahnbar werden in den Beschreibungen dieser Szene zum einen Einstellungen zu Moral und Religion, zu Strafe und Autorität, zu Schuld und Verantwortung, zu Liebe und Wahrheit, zu Hilflosigkeit und Ohnmacht, zu Scham und Verletztheit, zu Demütigung und Schmerz, zu Macht und Machtlosigkeit, zu grundsätzlich unterschiedlicher bzw. sich z.T. widersprechender Wahrnehmung und Deutung von Sachverhalten durch Kinder und Erwachsene, zum anderen schwingen Erinnerungen an die Gefühle während der eigenen Kindheit und die damit verbundene Erziehung in den beschriebenen Verhaltensweisen des Bischof Vergerus mit[178].

---

[177] CARMEL 1993, 7-95 (Auslassungen durch d. Verf.).
[178] vgl. SOMMER 2002, 41 ff.

Während die Szene aus „Fanny und Alexander" aus heutiger Sicht grausam und unmenschlich erscheint, stellen diese Beschreibungen für Zeitgenossen gängige Lebenswirklichkeit dar, die aufgrund von traditionellen Umgangsformen zwischen den Generationen, der vor allem auf *körperlicher Gewalt* aufbauenden (Über-)Machtstellung der Erwachsenen gegenüber Kindern und entsprechenden Wertvorstellungen legitimiert war.

Bevor solche Verhaltensweisen als soziales Elend wahrgenommen und erkannt werden konnten, mußten, wie es KEMPE und KEMPE (1980) beschreiben, „sich die Sensibilitäten und Perspektiven unseres Kulturkreises ändern"[179].

In dem Roman „Lämmer" (1993) werden in eindrucksvoller atmosphärischer Dichte Ausschnitte aus der Lebenssituation einer Familie mit zwei Kindern beschrieben, die durch latent vorhandene, für die Kinder spürbare Angst vor den verbalen Attacken wie physischen und psychischen Gewalttätigkeiten des Vaters gekennzeichnet ist.

Während die Kinder den körperlichen Gewalttätigkeiten und den ständig erfolgenden Beleidigungen, Drohungen, Einschüchterungsversuchen, Demütigungen und dem „alltäglichen Klima" der Ablehnung und Diffamierung von seiten des Vaters wehrlos ausgesetzt scheinen, erleben sie von seiten ihrer Mutter rückhaltlose Liebe, die jedoch besetzt ist mit der Unfähigkeit, sich gegen die erfahrenen Ungerechtigkeiten und die demonstrativ zur Schau gestellte körperliche Überlegenheit des Vaters wehren zu können.

Was an den ausgewählten Szenen dieser Romanvorlagen u.a. deutlich werden soll, ist zum einen die Beobachtung, daß sich die „Sensibilitäten und Perspektiven unseres Kulturkreises" tatsächlich geändert haben, auch die Beurteilungskriterien dessen, was im weitesten Sinne als *Gewalt* und *Gewalt gegen Kinder* bezeichnet werden kann, haben sich gewandelt[180].

---

[179] KEMPE/KEMPE 1980, 11.
[180] vgl. Kap. 4.2. des vorliegenden Einführungsbandes.

Zum anderen werden in beiden beispielhaft zitierten Romanen komplexe Zusammenhänge und Wechselbeziehungen von *Gewalt gegen Kinder* und Erziehung sowie *Gewalt gegen Kinder* und *Gewalt gegen Frauen* zumindest in Ansätzen deutlich.

Auf unterschiedlichen Ebenen werden in beiden Romanen Vater bzw. Stiefvater in einem weitgefaßten Sinne gewalttätig gegenüber den Kindern und den eigenen Ehefrauen: auf körperlicher Ebene durch Schlagen, Mißhandeln und Foltern, auf subtiler seelisch-emotionaler Ebene durch Erniedrigen, Demütigen, Bevormunden, Entmutigen, Bedrohen, Einjagen von Angst, Bloßstellen, Verspotten, durch Verletzen mit Worten, Isolieren, Diskriminieren, Versagen von Anerkennung und Respekt, „Liebesentzug", durch Nicht-Wertschätzen und Nicht-Ernstnehmen der Persönlichkeit von Kind und Ehefrau, durch Angreifen des Selbstwertgefühles und Einreden von Schuldgefühlen.

Aus diesen Überlegungen kann somit die gedankliche Konsequenz abgeleitet werden, daß Verhaltensweisen von Erwachsenen (Eltern) gegenüber Kindern unter den Begriff *(psychische) Gewalt gegen Kinder* gefaßt werden, die das alltägliche familiäre Miteinander, Aspekte der Erziehung und den Lebensalltag von Kindern und Jugendlichen maßgeblich beeinflussen.

Des weiteren wird in diesen beispielhaft beschriebenen Szenen aus „Fanny und Alexander" wie auch aus „Lämmer" unabhängig von dem jeweiligen (sozial-)geschichtlichen und soziokulturellen Rahmen, in den beide Romane eingebettet sind (Jahrhundertwende 19./20. und Gegenwart), die Beobachtung sichtbar, daß auf vielfältigen Ebenen wahrnehmbare Ausdrucks- und Erscheinungsformen von *Gewalt gegen Kinder* in einem weitgefaßten Sinne wie auch und besonders die von *psychischer Gewalt gegen Kinder* scheinbar konstituierende Merkmale von Erziehung darstellen.

Die sich in diesem gedanklichen Zusammenhang anschließende Frage, ob Erziehung, die nicht in einem „luftleeren Raum" stattfindet, sondern eingebettet in soziale, gesellschaftliche, politische und kulturelle Rahmenbedingungen, beeinflußt von traditionellen Norm- und Wertvorstellungen sowie unterschiedlichen Einstellungen zum Verhältnis der Generationen, abhängig von jeweils vorherrschenden ideologischen Grundgedanken u.a., überhaupt *gewaltfrei* gestaltet werden könne, führt letztendlich zu der Grundsatzdiskussion, was unter *Erziehung*, was unter *Gewalt* und *Gewaltfreiheit* zu verstehen sei.

Dabei stellen sich *Erziehung, Gewalt* und *Gewaltfreiheit* im Alltagssprachgebrauch zwar als geläufige Begriffe dar, zu denen jedoch keine allgemein anerkannten, auf einem breiten gesellschaftlichen und politischen Konsens beruhenden Definitionen zu finden sind, die als Grundlage und Ausgangspunkt für konstruktive Diskussionen angesehen werden könnten[181].

In diesem Zusammenhang scheint ein erster Hinweis auf die Einführung des Begriffes *alltägliche Gewalt (gegen Kinder)* sinnvoll[182], um auf die als nichtsensationell, sondern eher als unspektakulär, im Leben von Kindern als alltäglich zu bezeichnenden, „unsichtbaren" Formen von *(psychischer) Gewalt gegen Kinder* zu verweisen und in verstärktem Maße Einsicht hinsichtlich der Tatsache zu fördern, daß „an Körper und Seele erfahrene *Gewalt* eine biographisch nicht zu unterschätzende Bedeutung im weiteren Lebensverlauf von Menschen einnehmen kann"[183].

4.3.2. *Gewalt* aus der Sicht von Kindern und Jugendlichen[184]

In Veröffentlichungen, denen u.a. die Zielsetzung zugrundegelegt wird, Kindern, die „gewöhnlich nur selten selbst zu Wort"[185] kämen, „öffentliches Gehör zu verschaffen"[186], wird deutlich, daß Kinder und Jugendliche sich z.T. in eindrucksvoller Weise in der Lage zeigen, die sie in ihrer Lebenswirklichkeit beeinflussenden Probleme zu thematisieren; davon zeugen u.a. die Sammlungen von Beiträgen zu

---

[181] vgl. Kap. 2.2. des vorliegenden Einführungsbandes.
[182] vgl. auch Kap. 5.2. des vorliegenden Einführungsbandes.
[183] SOMMER 2002, 14.
[184] Regina RUSCH (Hrsg.), Gewalt. Kinder schreiben über Erlebnisse, Ängste und Auswege. Frankfurt/Main 1993 (1993 a).
[185] RUSCH 1993 a, 21.
[186] RUSCH 1993 b, 9.

Themen wie Umweltängsten[187], politischen Entscheidungen wie beispielsweise die „Deutsche Vereinigung"[188], zu Vorstellungen über die eigene Zukunft[189] sowie zu Fragen des Friedens und der Friedenssicherung[190].

Eine der wenigen, der interessierten Öffentlichkeit zugänglichen Darstellungen subjektiv gehaltener Beiträge über Gewalterfahrungen von Kindern und Jugendlichen stellt der von RUSCH (1993) veröffentlichte Sammelband dar, in dessen Einleitung es u.a. heißt, wer „die Kinderbriefe gelesen hat, versteht vielleicht besser als nach mancher wissenschaftlichen Untersuchung oder Analyse, wo die Wurzeln der zunehmenden Gewaltbereitschaft und Gewalttätigkeit zu finden"[191] seien.

In ihren Beiträgen beschreiben Kinder und Jugendliche Gewaltphänomene in ihrem Alltagsleben: in Schule, Straßenverkehr, Fernseh- und Videofilmen, *Gewalt im Krieg*, *Gewalt gegen Ausländer*, *Gewalt gegen Behinderte*, *Gewalt gegen Umwelt* und *Natur*, aber auch *Gewalt in der Familie*, wobei qualitativ andere Bewertungsmaßstäbe und Beurteilungskriterien im Vergleich zu denen von Erwachsenen deutlich werden.

Unter der Überschrift „Mir tat das Auge weh" schreibt der achtjährige Markus Vöse[192]:

„Gewalt ist nicht schön. Gewalt ist böse. Ich finde Gewalt schrecklich. Einmal wollten Stefan, Hendrik und ich nach Hause gehen. Aber da kam Christof mit seinen beiden Freunden. Einer von denen hob eine Eichel auf und warf sie Hendrik an den Hals. Nach einer Weile warf er mir eine Eichel ins Auge. Naja, mir tat das Auge weh. Und da wurde ich wütend und gab es ihm wieder."

---

[187] vgl. u.a. GREFE/JERGER-BACHMANN 1992, PETRI 1992².
[188] vgl. u.a. BÖHM/BRUNE/FLÖRCHINGER/HELBING/PINTHER 1993, RUSCH 1993 b.
[189] vgl. u.a. MEINERZHAGEN 1988, Mut zum Träumen 1987, RUSCH 1989.
[190] vgl. u.a. ALLERT-WYBRANIETZ 1988, Peace Bird 1989, ZDF 1991.
[191] RUSCH 1993 a, 21.
[192] In: RUSCH 1993 a, 44.

Der zehnjährige Patrick Vitt beschreibt eine kurze Szene aus seiner Begegnung mit *Gewalt* unter dem Titel „Der Weg ist gefährlich"[193]:

„Gewalt ist sehr schlimm. Ich habe es schon einmal erlebt. Bei uns ist ein Weg, der kürzt einen längeren Weg ab. Aber er ist gefährlich. Ich bin einmal da durchgegangen, weil ich es eilig hatte. Plötzlich war ein Mann gekommen. Dann ist er wieder weggerannt. Nach ein paar Sekunden ist er wiedergekommen. Ich habe gar nicht mehr gewußt, was los war. Es hatte so ausgesehen, als ob er mich was fragen wollte. Plötzlich schlug er mir an den Arm, nahm meine Uhr und lief weg."

Der achtjährige Paul Hrapek schildert eine Gewaltszene aus der Schule, überschrieben mit dem Titel „Ich hasse Gewalt"[194]:

„Manche Kinder haben Taschenmesser und Gaspistolen. Ein Junge aus der 4. Klasse hat mit der Gaspistole auf einen Erstklässler geschossen. Dem Erstklässler haben die Augen gebrannt. Zum Glück konnte er noch sehen!

Die Viertklässler drohen den jüngeren Kindern mit den Messern und wollen Geld. Wenn die Jüngeren das Geld nicht geben, schlagen die Viertklässler sie zusammen.

Ich hasse Gewalt."

Auch auf das Problemfeld *Gewalt gegen Ausländer* wird eingegangen. So erzählt die neunjährige Desiree Wolter von einem Klassenkameraden „Er wird immer verprügelt"[195]:

„Vor einem Jahr haben wir einen neuen Klassenkameraden bekommen. Er war Ausländer. Er hatte eine Klasse noch mal machen müssen.

Bloß, weil er nicht gut ist, wird er auch heute immer noch verprügelt. Die das machen, gehen eine Klasse höher. Er bekommt andauernd einen Stempel, auf dem steht, daß er die Hausaufgaben nicht gemacht hat. Und schnell genug ist

---

[193] In: RUSCH 1993 a, 31.
[194] In: RUSCH 1993 a, 65.
[195] In: RUSCH 1993 a, 50.

er auch nicht. Und in der Pause hat er meistens niemanden zum Spielen. Das ist Gewalt in der Schule."

Die zwölfjährige Tanja Schöpper beantwortet die von ihr selbst aufgeworfene Frage „Was ist Gewalt?"[196] folgendermaßen:

„Wenn man sich prügelt, weil man sich uneinig ist, wenn man sich das Zeug kaputt macht, dann ist das Gewalt. Es kommt dazu, indem man sich gegenseitig ärgert, an den Haaren zieht, sich streitet oder Lügen über den anderen erzählt."

Während es für die neunjährige Dana Ralf Gewalt darstellt, „wenn ich gezwungen werde, etwas zu tun, was ich nicht will"[197], stellt die dreizehnjährige Kathleen Alisch Gewalt in einen umfassenderen Zusammenhang, wenn sie unter dem Titel „Wer will schon anders sein?"[198] folgendes schreibt:

„Ich hatte noch keine Erfahrungen mit körperlicher Gewalt - und das ist auch gut so. Aber es ist sehr oft so, daß viele einfach Angst haben, sich gegen die allgemeine Meinung zu stellen. Auch, wenn man recht hat. Da ordnet man sich eben einfach unter. Ich kenne eine ganze Menge Kinder in meinem Alter, die so sind. Das finde ich furchtbar.

Es wird viel seelische Gewalt auf Kinder ausgeübt, die anders sind und sich nicht anpassen wollen. Wegen ihrer Sprache, ihrer Kleidung und ihrer Ausstrahlung. Die Ausdrücke und Gemeinheiten sind meist ganz furchtbar und schmerzlich. Manchmal werden sie verprügelt.

Ich kann mir einfach nicht vorstellen, warum man so etwas macht. Ich versuche, Gewalt zu vermeiden, indem ich immer ich bleibe und versuche, die anderen zu überzeugen. Aber eigentlich müßten sie es von alleine einsehen. Genauso wehre ich mich auch. Ich halte nichts von Karate usw., weil es so brutal ist. Damit kann man sich auch nicht gegen körperliche Gewalt schützen."

---

[196] In: RUSCH 1993 a, 90.
[197] In: RUSCH 1993 a, 28.
[198] In: RUSCH 1993 a, 67 f.

Und schließlich kommt der zwölfjährige Clemens Seifert in seinem Beitrag zu dem Schluß, „Ein blauer Fleck heilt wieder"[199]:

> „Seelische Gewalt ist in meiner Sicht die schlimmere Gewalt, denn sie hinterläßt mehr als nur einen blauen Fleck oder eine Prellung. Diese Gewalt hinterläßt Spuren, im schlimmsten Fall Selbstmord. Der Normalfall ist, daß sich ein Betroffener seelisch zurückzieht, so daß man vielleicht echten Freunden keine Chance mehr gibt. Und es ist ein lustloses Dasein, das sich gegen alles und jeden abschirmt."

Die elfjährige Vanessa Renner beschäftigt sich in ihrem Beitrag „Fragen, Fragen, Fragen" in fast schon als philosophisch zu bezeichnender Weise mit dem Themenbereich *Gewalt*.

In ihrer Geschichte beschreibt die Autorin das Vorhaben eines Mädchens namens Katrin, die, ausgehend von einem Gespräch zwischen den Eltern über das Ausmaß von *Gewalt*, in der Schule und in der Nachbarschaft verschiedene Menschen befragt, was sie unter *Gewalt* verstünden.

In diesem Zusammenhang beschreibt Vanessa Renner die folgende Szene[200]:

> „Am Abend legte sich Katrin unzufrieden ins Bett. Als die Mutter kam, sagte sie: 'Du wolltest doch noch etwas mit mir besprechen!' Und so erzählte Katrin ihr alles, von der Frage beim Frühstück bis zu den Fragen an die vielen Leute.
>
> Die Mutter sagte: 'Ich werde versuchen, es dir zu erklären. Also: Gewalt kann vieles sein und deswegen ist es leicht, viele Arten von Gewalt aufzuzählen. Schwieriger ist es, sie zu beschreiben. Gewalt ist nicht unbedingt etwas Bösartiges. Und man wird nie gewalttätig, ohne einen Grund zu haben. Wenn jemand gewalttätig wird, ist er in einer Situation, aus der er sich nicht anders herauszuhelfen weiß.' Katrin fragte: 'Und was kann man dagegen tun? Wie findet man einen Ausweg?'

---

[199] In: RUSCH 1993 a, 86.
[200] In: RUSCH 1993 a, 103.

'Am besten ist es, dann gleich mit jemandem über sein Problem zu reden und es gar nicht erst zu groß werden zu lassen', meinte die Mutter. Katrin hatte noch eine Frage: 'Du hast doch gesagt, daß es immer mehr Gewalt gibt. Warum?' Die Mutter antwortete: 'Ich weiß nicht, ob es immer mehr Gewalt gibt. Manchmal sagt man das aus der Bestürzung heraus. Gewalt gab und gibt es schon immer, aber ich denke, in geringem Maße vermehrt sie sich doch. Etwas erscheint mir besonders wichtig: Gewalt ist nie ohne Grund!'"

4.3.3. Beispiele aus der Dokumentation einer Projektwoche zum Thema *Gewalt gegen Kinder*

ERNST und STAMPFEL (1991) schreiben in der Einleitung ihres „Kinderreportes" u.a., daß sie neun Lebensbereiche aus dem Rechtskatalog der Vereinten Nationen der UN-Kinderrechtskonvention ausgewählt hätten, anhand derer sie die tatsächliche Lebenswirklichkeit von Kindern in Deutschland dokumentieren wollten.

Im Rahmen dieser Bestrebungen haben sie mit Kindern in mehrstündigen Treffen auch über Themen *familialer Gewalt* gesprochen, wobei die „individuelle Ausdrucksweise (...) gewahrt (blieb, Zusatz d. Verf.), nur umgangssprachliche Formulierungen wurden der besseren Lesbarkeit wegen verändert"[201].

Unter der Überschrift „Wenn man immer nur Vorwürfe kriegt" beschreiben ERNST und STAMPFEL (1991) die Dokumentation einer an einer Hauptschule durchgeführten Projektwoche zum Thema *Gewalt gegen Kinder*, die im folgenden vollständig zitiert werden soll:

„Frank (14), Susanne (15), Lesley (15) und Melanie (16) haben an ihrer Hauptschule an einer Projektwoche zum Thema 'Gewalt gegen Kinder' teilgenommen. Das Interesse war groß. Über achtzig SchülerInnen wollten mehr zu diesem Thema erfahren. So mußte im Losverfahren über die Teilnahme entschieden werden. In dieser Woche besuchten die Jugendlichen die Jugend-

---

[201] ERNST/STAMPFEL 1991, 12 (Auslassungen durch d. Verf.).

schutzstelle, die Kinderschutzambulanz und - sie machten eine Straßenumfrage mit einem selbst entworfenen Fragebogen. Das Ergebnis unterscheidet sich von Repräsentativumfragen: 77 Prozent der über 20-jährigen antworteten den Jugendlichen, sie seien dagegen, daß Kinder in gewissen Situationen geschlagen werden, und lediglich ein Fünftel der befragten Erwachsenen gab zu, selbst Kinder zu schlagen.

Die Straßenumfrage

Melanie: 'Viele Leute haben aggressiv auf die Umfrage reagiert. Die sind zwar stehengeblieben, aber wenn man gesagt hat, *Gewalt gegen Kinder*, sind die weitergegangen: *Das interessiert mich nicht, geht mich nichts an, ich würde meine Kinder nie schlagen.* Mehr wollten die nicht sagen. Und viele, finde ich, haben auch gelogen.'

Susanne: 'So wie die sich verhalten haben, glaube ich das auch. Bei einer stand zum Beispiel das Kind daneben, guckte mich an und fing an zu lachen, als sie gehört hat, was ihre Mutter erzählt. Da wußte man schon direkt Bescheid, daß die Frau gelogen hat. Da hat die Tochter die eigene Mutter verraten.'

Melanie: 'Wir haben eigentlich alle damit gerechnet, daß die lügen. So sind die Erwachsenen. Es gibt selten welche, die anders reagieren. Nur ein junges Mädchen, die hat sich wirklich dafür interessiert. So wie die Leute reagiert haben, hat man gemerkt, daß die das gar nicht ernst nehmen.'

Frank: 'Viele meinten auch, sie hätten nichts damit zu tun, weil sie keine Kinder hätten.'

Susanne: 'Das waren nur ein paar Leute, die sich wirklich damit auseinandergesetzt haben und die einem wirklich richtige Antworten gegeben haben.'

Frank: 'Viele haben auch gesagt, wenn Kinder nicht artig sind, da wär' mal ein Klaps angebracht. Das fand ich nicht gut. Und eine Frau hat gesagt, daß sie mal ausgerastet ist und zugeschlagen hat. Sie findet das zwar nicht gut, aber da war sie mit den Nerven am Ende.'

Melanie: 'Ja, viele haben einfach gesagt: *Was sollen wir Eltern denn machen, wir sind am Ende mit den Nerven, und dann knallt das halt.* Die haben das sehr locker gesehen und fanden das auch gar nicht schlimm. Aber das ist doch nicht normal so was, nur weil man ausrastet, kann man doch nicht zuschlagen. Wenn einer dann so am Ende ist, dann soll er das Kind in Ruhe lassen, soll dem einfach aus dem Weg gehen. Das hab' ich zu einem Mann auch gesagt, der ist dann richtig aggressiv geworden, der fing dann direkt an rumzuschreien: *Ich muß doch selber wissen, ob ich mein Kind schlage, das ist mein Kind, das ist meine Sache.*'

Was ist Kindesmißhandlung?

Frank: 'Ich finde, wenn Kinder immer angeschrien werden, das ist auch schon mißhandeln. Und Kinder einsperren, Stubenarrest. Oder wenn die Eltern den Kindern was wegnehmen, was sie gerne haben, also wenn die Eltern das so richtig ausnutzen.'

Susanne: 'Und mit Gegenständen hauen und verprügeln.'

Lesley: 'Oder wenn Mädchen so angefaßt werden.'

Melanie: 'Und wenn man immer nur Vorwürfe kriegt im Leben, also wenn man nur schlechtgemacht wird: *Du kannst gar nichts.* Das macht einen auch echt fertig. Wegen Kleinigkeiten regen sich manche Eltern schon auf. Wenn man mit schlechten Noten nach Hause kommt. Man ist ja nicht immer zu faul, man hat das einfach nicht gepackt, weil man Probleme hatte oder mit den Gedanken woanders war. Da ist man selber fertig mit den Nerven, weil man das danebengehauen hat, und dann kriegt man noch einen drüber. Wenn die Eltern rumschreien oder rumschlagen, dadurch machen sie die Probleme doch nur schlimmer.'

Kinder haben auch Rechte

Melanie: 'Wie wir hier in der Schule und in der Klasse gefragt haben, gab es viele, die gesagt haben: *Wenn ich Scheiße gebaut hab', dann find' ich das korrekt, wenn ich dann eine geknallt kriege.* Echt, das verstehe ich nicht, wie die so was sagen können. Wieso soll ich denn meinen Kopf hinhalten, nur weil ich was gemacht hab'. Aber es gibt viele, die noch so denken, zu viele. Man muß denen die Augen öffnen, daß sie auch Rechte haben, daß sie sich nicht schlagen lassen müssen und daß die Eltern kein Recht darauf haben, Kinder zu verkloppen.'

Frank: 'Wir haben auch Beratungsstellen besucht, die einem helfen. Wir waren in der Kinderschutzambulanz, und wenn man da schon mal war, traut man sich dann eher hin, wenn man's braucht. Man achtet jetzt auch mehr darauf. Ich hab' öfters schon mal von Freunden gehört, daß die Schläge kriegen, und jetzt weiß ich, wo man hingehen kann, und kann denen das sagen.'

Susanne: 'Oder so was mal im Fernsehen zeigen. Die haben das ja jetzt auch mit den Tierversuchen gebracht und genau so was könnte man auch mal über Kindesmißhandlung machen.'

Melanie: 'Ja, und wenn ich Hilfe brauche, daß mir dann auch geglaubt wird, bei manchen Leuten. In der Kinderschutzambulanz zum Beispiel. Also, wenn ich echt Probleme hätte, würd' ich schon da hingehen. Bisher hab' ich immer gedacht, es wird dir sowieso nicht geglaubt, bist ja ein Kind, bist am phantasieren. Aber da würde ich schon hingehen.'

Zu Hause

Melanie: 'Ich werde öfters geschlagen. Jetzt, nach der Projektwoche, da kann ich mir auch helfen und versuchen, mit meinen Eltern darüber zu reden. Daß vielleicht auch ein bißchen Einsicht von denen da ist, daß die sich dann damit beschäftigen, was ich hier in der Projektwoche gemacht hab'. Daß ich denen das zeigen kann und daß die dann darüber nachdenken.'

Frank: 'Mein Vater hat mir nur einmal eine runtergehauen. Dann hab' ich nicht mehr mit ihm geredet, und dann hat er sich entschuldigt. Seitdem haut der mir keine mehr.'

Susanne: 'Bei uns zu Hause wird nur rumgeschrien, aber ich krieg' keine Schläge. Meine Mutter kriegt schon einen Panikanfall, wenn ich nur zwei Minuten zu spät komme, und nach zwei Stunden ruft sie direkt die Polizei an. Das nervt.'

Lesley: 'Mit meiner Mutter kann ich über alles sprechen, mit meinem Vater rede ich eigentlich über gar nichts. Meine Mutter ist meine beste Freundin. Mein Vater kommandiert mich immer so rum, und meine Mutter verteidigt mich dann immer. Meine Mutter und ich, wir machen meinen Vater immer fertig. Nur, wenn meine Mutter nicht da ist, dann versteh' ich mich eigentlich mit meinem Vater auch ganz gut. Die war in Urlaub, da hab' ich mich auch mit meinem Vater verstanden. Aber wenn meine Mutter wieder da ist: *Mama, Mama*. Ich liebe halt meine Mutter sehr und meinen Vater nicht so.'

Susanne: 'Du haßt den.'

Lesley: 'Na ja, manchmal kann ich den schon leiden. Manchmal ist der ja auch nett, aber wenn ich von der Schule komme, so total müde, und dann sagt der: *Mach mal dies, mach mal das*, und ich möchte mich eigentlich erst mal ausruhen und dann essen und dann Hausaufgaben machen. Dann hetzt der mich immer sofort: *Mach mal das Katzenklo, spül mal*. Und meine Mutter macht das überhaupt nicht, die sagt: *Wenn du Lust hast, tust du heute abend spülen*. Das hab' ich viel lieber, als so rumkommandiert zu werden. Wenn mein Vater nicht da wär', ich würde den nicht vermissen. Ich schätze, das weiß der auch. Meine Mutter und ich, wir brauchten eigentlich meinen Vater gar nicht. Wir haben auch schon mal gesagt, der soll ausziehen. Der macht sowieso alles alleine, und meine Mutter und ich, wir machen alles zusammen. Manchmal tut mir mein Vater auch leid. Meine Mutter und ich alleine, das wäre schöner. Ich brauch' den nicht.'

Melanie: 'Ich finde das beschissen. Ich kann das nicht: mit jemandem zusammensein, den ich nicht leiden kann. Ich versteh' auch nicht, wie deine Mutter das kann, wenn du sagst, die versteht sich nicht mit deinem Vater.'

Frank: 'Ich kann mir das auch nicht vorstellen, also mit einem Mann oder mit einer Frau, die ich überhaupt nicht leiden kann. Das ist ja wohl nervig, da wird man ja bekloppt. Oder wie du gesagt hast, wenn du nach Hause kommst, *mach mal dies, mach mal das*. Da sind meine Eltern ganz anders. Meine Mutter sagt immer *bitte*, wenn ich was machen soll.'

Lesley: 'Wenn mein Vater das einmal sagen würde: *Mach mal bitte* oder wenn der das lieb sagen würde: *Würdest du gleich spülen*. Das wäre ja in Ordnung. Aber so, wie der das immer sagt, da krieg' ich zuviel. Wenn der einfach mal höflich fragen würde.'

Melanie: 'Wir sagen zu unseren Eltern ja auch nicht: *Das mußt du jetzt machen*. Nur, weil wir jünger sind, können die Eltern doch nicht einfach über uns bestimmen. Ich hab' mal versucht, das rumzudrehen, und hab' zu meinem Vater gesagt, er solle was selber machen. Da haben wir Streit gekriegt. Das würde ich nie wieder machen.'"[202]

---

[202] In: ERNST/STAMPFEL 1991, 71-76 (kursiv gedruckte Wörter und Sätze sind im Original in einfache Anführungszeichen gesetzt, Anm. d. Verf.).

4.4. Zusammenfassung und Versuch der Einordnung

Gewaltphänomene können in ihrem Erscheinen wie in der ihnen zugeschriebenen Bedeutung erst dann realitätsnahe eingeschätzt werden, wenn dies das soziale, kulturelle und politische „Klima" einer Gesellschaft zuläßt.

In den vergangenen drei Jahrzehnten lassen sich zum einen auf (sozial-)wissenschaftlicher Ebene veränderte Betrachtungsweisen von *Gewalt gegen Kinder* ausmachen, zum anderen wird eine Verschiebung der Bewertungs- und Beurteilungskriterien dessen beobachtbar, was als schädigend und verletzend für Gesundheit und Leben sowie als hemmend und behindernd für die Entfaltung der Entwicklungsmöglichkeiten von Kindern angesehen wird.

Gewalt gegen Kinder erscheint in der Geschichte der Zivilisation zwar als ein allgegenwärtiges, jedoch erst in der Gegenwart als Problem sozialer Wirklichkeit „entdecktes" Phänomen.

Über den Einfluß der vor allem in den 70er Jahren blühenden *Gesellschaftskritik* und den sogenannten *Neuen Sozialen Protestbewegungen* der 70er und 80er Jahre *(Frauenbewegung, Friedensbewegung, Ökologiebewegung)* läßt sich ein Sensibilisierungsprozeß der Öffentlichkeit für Gewaltphänomene auf unterschiedlichen Ebenen menschlichen (Zusammen-)Lebens ausmachen, der zu einer Aufdeckung und Skandalisierung der bis dahin tabuisierten Probleme *Gewalt gegen Frauen* und *Gewalt gegen Kinder* führte.

Bei kritischer Betrachtung dieser Entwicklung wird ein Widerspruch sichtbar, der, wie SOMMER dies beschreibt, in der Beobachtung begründet liege, „obwohl insbesondere über die Rezeption subjektiver Berichte aus Kinderschutz-Zentren und Frauenhäusern die Beobachtung gewonnen werden konnte, daß die vielfältigen Erscheinungsformen von *Gewalt in der Familie* und *Gewalt in der Erziehung* keine Ausnahmephänomene, sondern eher alltäglich erfahrene Lebenswirklichkeit darstellen, sei (...) die Tatsache um so erstaunlicher, 'daß die Selbstaussagen von Kindern und Jugendlichen sowie (auto-)biographisch ausgerichtete und literarisch aufgearbeitete Beiträge Erwachsener zu dem Themenbereich subjektiver Gewalterfahrungen im Rahmen wissenschaftlicher Forschungsansätze bisher nicht bzw. nur in unzureichendem Maße die ihnen zustehende Berücksichtigung finden konnten'"[203].

Weder die subjektiv gehaltenen Berichte von Frauen aus Frauenhäusern, von Kindern und Jugendlichen aus Kinderschutzzentren, weder die von für Gewaltphänomene sensibilisierten, professionell in der Sozialen Arbeit Tätigen noch die unzähligen Beiträge aus der belletristischen Literatur wurden innerhalb der wissenschaftlichen Forschung bisher in ausreichendem Maße als qualitativ wertvolle und zugleich erkenntnisleitende Quellen zur Erhellung der unterschiedlichen Phänomene *familialer Gewalt* herangezogen.

Während in Romanen wie beispielsweise Gottfried KELLERs „Der grüne Heinrich"[204], Hermann HESSEs „Unterm Rad"[205] und Emil STRAUSS' „Freund Hein"[206] oder aus der Gegenwartsliteratur Ingmar BERGMANs „Fanny und Alexander"[207] und Ania CARMELs „Lämmer"[208] u.a. die Komplexität einer Lebensgeschichte mit Bezügen zu an Körper und Seele erfahrener *Gewalt* deutlich wird, schreiben Kinder und Jugendliche in eigenhändig verfaßten Beiträgen aus der Sicht von Betroffenen: entweder sind sie selbst Opfer von Gewalttätigkeiten oder sie waren in solchen Situationen als Beobachter anwesend.

Unter *Gewalt* verstehen Kinder und Jugendliche, und das scheint naheliegend, körperliche An- und Übergriffe auf Menschen.

Auch scheint es nicht verwunderlich, daß sich ein Teil der Beiträge mit den Themen *Gewalt gegen Tiere* und *Gewalt gegen die Umwelt* beschäftigt, sind doch Umweltverschmutzung sowie Möglichkeiten und Grenzen des Umwelt- und Naturschutzes hierzulande seit Jahren vieldiskutierte Themen.

---

[203] SOMMER 2000 b, 18 (Auslassungen durch d. Verf.); vgl. auch SOMMER 1996 b, 301, SOMMER 1998, 414 f.
[204] Gottfried KELLER, Der grüne Heinrich. München 1987 (nach der Textfassung der Ausgabe von 1853).
[205] Hermann HESSE, Unterm Rad. Roman. Frankfurt/Main 1970.
[206] Emil STRAUSS, Freund Hein. Eine Lebensgeschichte. Berlin 1900.
[207] Ingmar BERGMAN, Fanny und Alexander. Roman in sieben Bildern. München 1983.
[208] Ania CARMEL, Lämmer. Roman. Zürich 1993.

Was jedoch erstaunt, ist die Beobachtung eines ausgeprägten Grades an Sensibilität, mit dessen Hilfe sich Kinder und Jugendliche von konkret-gegenständlichen Erfahrungen mit sinnlich wahrnehmbaren Formen von *Gewalt* lösen und sich auf die Ebene der Betrachtung eher abstrakter, sich zumindest der unmittelbaren sinnlichen Wahrnehmung entziehender Gewaltphänomene begeben können.

In den Beiträgen werden Spuren sinnlich nicht oder nicht mehr wahrnehmbarer Formen von *Gewalt* erkennbar, die die emotionalen, sozialen und psychischen Entwicklungsmöglichkeiten von Kindern und Jugendlichen nachhaltig behindern und zu schweren Beeinträchtigungen der seelischen Gesundheit führen können.

Die Tatsache, daß Kinder und Jugendliche neben körperlichen Übergriffen beispielsweise Phänomene alltäglicher Erziehungspraxis wie Anschreien, Einsperren, Vorwürfe und Beleidigungen, Drohungen, aber auch Anschreien, Herumkommandieren und Befehlen unter einen weitgefaßten Gewaltbegriff einordnen, zeugt von dem sich in der Öffentlichkeit entwickelnden zunehmenden Sensibilisierungsgrad für subtil wirkende Formen von *Gewalt*.

(Auto-)Biographisch ausgerichtete und literarisch aufgearbeitete Zeugnisse von subjektiv von *Gewalt* betroffenen Kindern und Jugendlichen weisen auf die Vielfältigkeit der Phänomene hin, die unter dem Begriff *Gewalt* und *Gewalt gegen Kinder* verstanden werden kann.

So kommen sowohl Erlebnisse mit *körperlicher Gewalt* zum Ausdruck wie auch Erfahrungen mit subtil wirkenden, in den Lebensalltag von Kindern und Jugendlichen verwobenen Formen *psychischer Gewalt*: körperliche Bestrafungen durch Schläge, aber auch Phänomene wie Anschreien, Ein- und Aussperren, Vorwürfe und Beleidigungen, Ungerechtigkeiten im Umgang von Erwachsenen mit Kindern sowie subjektive Gefühle, nicht ernstgenommen zu werden, werden unter den Begriff *Gewalt* gefaßt.

5. *Psychische Gewalt gegen Kinder* - Grundlagen und Perspektiven

5.1. Zusammenfassung und Diskussion der Ergebnisse

Im Rahmen der Bearbeitung der Fragestellung 1, „welche Aspekte in der Geschichte der Erforschung der Phänomene *Kindesmißhandlung* und *Gewalt gegen Kinder* (...) sich im Zuge der (wissenschaftlichen) Bemühungen um die Erarbeitung eines der wahren Bedeutung der Problembereiche angemessenen Grundverständnisses von *Gewalt gegen Kinder* als richtungsweisend"[209] erweisen, lassen sich folgende Ergebnisse festhalten.

Trotz der auf unterschiedlichen Ebenen immer wieder beobachtbaren Aktualität der Problembereiche *Gewalt gegen Kinder* und *Kindesmißhandlung*, trotz der auf ein grundlegendes Interesse schließenden Äußerungen aus wissenschaftlichen und öffentlichen Kreisen an einer intensiv erfolgenden Erforschung von *Gewalt gegen Kinder*, trotz zahlreicher Bemühungen von Wissenschaftlern unterschiedlicher Fachdisziplinen hinsichtlich einer zufriedenstellenden Ursachenklärung und Aufdeckung möglicher Folgeerscheinungen *familialer Gewalt* läßt sich die auf den ersten Blick widersprüchlich erscheinende Tatsache ausmachen, daß bisher keine auf einem allgemeinen gesellschaftlichen und politischen Konsens beruhende, grundlegende Aspekte einbeziehende Begriffsdefinition von *Gewalt* und in deren Folge von *Gewalt gegen Kinder* erarbeitet werden konnte, die als gemeinsame Grundlage interdisziplinärer Gewaltforschung angesehen werden könnte.

Ein Blick auf sozialwissenschaftliche Begriffsbestimmungen und Typologisierungsversuche von *Gewalt* und *Gewalt gegen Kinder* offenbart u.a. die Beobachtung, daß die vorgenommenen Definitionsversuche subjektiven Bewertungs- und Beurteilungskriterien unterliegen und sich als abhängig von theoretischen Vorannahmen und Erkenntnisinteressen erweisen.

---

[209] Kap. 1. des vorliegenden Einführungsbandes (Auslassungen und Veränderungen durch d. Verf.)

Unter *Gewalt*, und dies bezeugen neben Beiträgen aus Wörterbüchern, Enzyklopädien (zu dem Themenbereich *Gewalt im Alltagssprachgebrauch*) und Fachlexika unterschiedlicher Wissenschaftsdisziplinen (zu Gewaltbegriffen in wissenschaftlichen Forschungszusammenhängen) auch die Angaben aus nichtrepräsentativen Befragungen, wird trotz mannigfaltiger begrifflicher Unklarheiten im sozialwissenschaftlichen Sprachgebrauch die Anwendung physischen und psychischen Zwanges verstanden.

Neben der Unterscheidung der Dimensionen von *physischer* und *psychischer Gewalt* kommt vor allem der Differenzierung in *personale, direkte Gewalt* und *strukturelle, indirekte Gewalt* besondere Bedeutung zu, wodurch der Blick von der einseitigen Betrachtung eines individualisierenden und personifizierenden Gewaltbegriffes hin zu dem Denkansatz der gesellschaftlichen Bedingtheit des Entstehens von Gewalthandlungen und gewaltbesetzten Situationen im Zusammenleben von Menschen gelenkt wird.

In Zuge einer kritischen Betrachtung (sozial-)geschichtlicher Aspekte der Erforschung von *Kindesmißhandlung* und *Gewalt gegen Kinder* lassen sich Hinweise ausfindig machen, die auf die bereits angedeuteten Veränderungen der Beurteilungskriterien von *Gewalt* und *Gewalt gegen Kinder* wie auch auf einen grundlegenden Wandel innerhalb der Ansätze von Ursachenforschung zu den Phänomenen *Gewalt gegen Kinder* und *Kindesmißhandlung* schließen lassen.

Während in den 60er und 70er Jahren vor allem gerichtsmedizinisch und strafrechtlich-kriminologisch ausgerichtete Forschungsansätze *Kindesmißhandlung* als Problem „kranker Persönlichkeiten" und sozialer Randgruppen ansahen, wurden über den Weg der Einflußnahme der sogenannten *Neuen Sozialen Protestbewegungen* wie über den sich zunehmend entwickelnder sozialwissenschaftlicher Forschungsbemühungen multidimensionale Erklärungsansätze ausgearbeitet, denen ein explizit gesellschaftliches Verständnis von *Gewalt gegen Kinder* zugrundeliegt.

Damit werden nicht mehr ausschließlich den sogenannten pathologischen Persönlichkeitsstrukturen, sondern auch gesellschaftlichen Zusammenhängen mit den Bereichen Gewaltförmigkeit struktureller Lebensbedingungen und Gewalttätigkeit innerhalb sozialer Beziehungen sowie den auf unterschiedlichen Ebenen beobachtbaren Abhängigkeiten und Wechselbeziehungen besondere Bedeutung zugeschrieben.

Während mit dem Begriff *Kindesmißhandlung* bis weit an die Gegenwart heranreichend die Vorstellung vor allem *körperlicher Mißhandlung* verbunden wird, werden unter dem Begriff *Gewalt gegen Kinder* in Anlehnung an einen Vorschlag von WITTENHAGEN/WOLFF (1980) in Abgrenzung zu Unfällen als nicht zufällig bezeichenbare, bewußte oder unbewußte, das körperliche und/oder seelische Wohlergehen von Kindern in Familien und/oder Institutionen (z.B. Kindergarten, Schule, Heime) beeinträchtigende gewaltsame Handlungen oder Unterlassungen verstanden, die zu Verletzungen und Entwicklungshemmungen führen sowie die Rechte von Kindern verletzen können[210].

Die Forschungslage zu den Bereichen *körperlicher Gewalt gegen Kinder* und *sexueller Gewalt gegen Kinder* kann in qualitativer Hinsicht als zufriedenstellend bezeichnet werden, der Forschungsstand zu dem Problembereich der *seelischen Gewalt gegen Kinder* indessen als völlig unzureichend, obwohl *körperliche* und *seelische Gewalt*, außer analytischen Zielsetzungen dienend, inhaltlich nicht voneinander getrennt betrachtet werden können.

Die körperliche Seite von *Mißhandlungen* betonenden Begriffsbestimmungen verkennen jedoch nach Aussagen von BEIDERWIEDEN/WINDAUS/WOLFF (1990) die Bedeutung der „psycho-physischen Einheit des Erlebens beim Kind. Eine Definition, die die psychische Dimension der Mißhandlung aber nicht miteinbezieht, mit der Begründung, daß eben 'andere Mißhandlungsformen keine äußeren Spuren hinterlassen', verliert die Ganzheit des Geschehens aus dem

---

[210] vgl. WITTENHAGEN/WOLFF 1980, 7.

Blick und reduziert die Spurensuche auf konstatierbare körperliche Beeinträchtigungen"[211].

Auch wenn in unterschiedlichen Quellen immer wieder auf die besondere Bedeutung von Erscheinungsformen *seelischer Gewalt gegen Kinder* hingewiesen wird, läßt sich bisher in der einschlägigen wissenschaftlichen Literatur kein ernsthafter Versuch ausmachen, diesen Problembereich sozialer Wirklichkeit in der seiner wahren Bedeutung angemessenen Weise unter Beachtung wissenschaftlich-systematischer Kriterien aufzuarbeiten.

Die sich in diesem Zusammenhang inhaltlich anschließenden Fragen, „wie (...) sich der aktuelle Forschungsstand über *psychische Gewalt gegen Kinder* in der einschlägigen wissenschaftlichen Literatur dar(-stelle, Zusatz d. Verf.)" und „welche möglichen Konsequenzen und Perspektiven (...) sich aus den gewonnenen Erkenntnissen ableiten"[212] ließen, führen unweigerlich zu der Beobachtung, daß das Phänomen der *seelischen Gewalt gegen Kinder* aufgrund forschungsmethodologisch begründeter Argumentationen weitgehend aus den wissenschaftlichen Bemühungen der Gewaltforschung ausgeklammert wird.

Dies ist um so erstaunlicher, als die unterschiedlichen Ausdrucksformen *seelischer Gewalt gegen Kinder* als alltägliche und z.T. konstituierende Bestandteile kindlicher Lebens- und Erziehungswirklichkeit angesehen werden können.

Hinter diesem bei oberflächlicher Betrachtung als Widerspruch bezeichenbaren Sachverhalt verbirgt sich die Frage, welche Verhaltensweisen und Beziehungsmuster „noch als legitim" im alltäglichen Umgang von Erwachsenen mit Kindern bzw. was „schon als verletzend und schädigend" für die Persönlichkeitsentwicklung von Kindern beurteilt wird.

Letztendlich stellt es eine Frage der subjektiven Bewertung dar, ob ein Verhalten bzw. eine Beziehung oder soziale Situation als gewalttätig bzw. gewaltbesetzt

---

[211] BEIDERWIEDEN/WINDAUS/WOLFF 1990², 137.
[212] vgl. Kap. 1. des vorliegenden Einführungsbandes (Auslassungen und Veränderungen durch d. Verf.).

erlebt wird oder nicht, wobei keine allgemeingültigen, objektivierbaren Wertvorstellungen als Grundlage eines Gewaltdiskurses ausgearbeitet werden konnten. Insbesondere hinsichtlich des Themenbereiches der *psychischen Gewalt gegen Kinder* fällt das Fehlen eindeutiger Beurteilungskriterien zur Bestimmung der Frage, ob gewalttätige Verhaltensweisen bzw. gewaltbesetzte Beziehungen oder Situationen vorliegen, ins Gewicht, da weder körperlich sichtbare Spuren festzustellen, weder objektivierbare Folgen zu beobachten noch linear und kausal abzuleitende Zusammenhänge zwischen erfahrener *seelischer Gewalt* und sich im weiteren Lebensverlauf u.U. äußernder Verhaltensauffälligkeiten herzustellen sind.

Ergebnisse einer nicht-repräsentativen Befragung von SOMMER aus dem Jahre 2001 unter Studenten von Ausbildungsgängen mit berufsqualifizierenden Abschlüssen in der Sozialer Arbeit (Sozialpädagogik/Sozialarbeit und Ergotherapie) erbrachten neben der Bestätigung von bereits in der wissenschaftlichen Literatur genannten Ausdrucks- und Erscheinungsformen *seelischer Gewalt gegen Kinder* u.a. Einsichten in die mannigfaltigen Quellen ihres Wissens, die neben Lehrveranstaltungen und Berichten in Medien vor allem subjektiv-persönliche Erfahrungen der Befragten mit dem Themenbereich *Gewalt gegen Kinder* in der eigenen Familie, in Freundeskreis, Verwandtschaft und Bekanntschaft sowie im Rahmen von persönlichen Kontakten zu Menschen, die *psychische Gewalt* erlebt hätten, ausweisen.

Auf die Frage nach Möglichkeiten, in systematischer Weise den Problembereich *psychische Gewalt gegen Kinder* zu erforschen, nennen die Befragten u.a. neben verstärkten, zu intensivierenden Bemühungen von Fachleuten und interessierten „Laien" um ein „Mehr" an Sensibilisierung der Öffentlichkeit für subtil wirkende Formen von *Gewalt gegen Kinder* (damit „ein „Mehr" an Öffentlichkeit), neben Dokumentationen in Filmen und schriftlichen Veröffentlichungen auch die Betrachtung von biographischen Zeugnissen, deren kritische Analyse auf qualitative Aspekte *psychischer Gewalt gegen Kinder* hinweisen könnte.

Hinsichtlich der Fragen, ob „sich über den Weg der Bearbeitung (auto-)biographisch ausgerichteter und literarisch aufgearbeiteter Beiträge subjektiv von *Gewalt* Betroffener Hinweise auf bisher unbeantwortete Fragen aus dem Bereich *psychischer Gewalt gegen Kinder* finden" ließen und „welche Konsequenzen sich aus der Aufarbeitung subjektiv gehaltener Beiträge von *Gewalt* Betroffener für die aktuelle Diskussion um das Phänomen der *psychischen Gewalt gegen Kinder* ergeben" könnten[213], lassen sich die folgenden (vorläufigen) Ergebnisse festhalten.

Kindesmißhandlung und *Gewalt gegen Kinder* erscheinen in der Geschichte der Zivilisation als allgegenwärtige, aber erst in der Gegenwart als Probleme sozialer Wirklichkeit „entdeckte" Phänomene.

Im Zuge eines über den Einfluß der sogenannten *Neuen Sozialen Protestbewegungen* der 70er und 80er Jahre, der *Frauenbewegung*, der *Friedensbewegung* und der *Ökologiebewegung* angestoßenen Sensibilisierungsprozesses wurde öffentlich über Gewaltphänomene in Erziehung, Gesellschaft und Politik diskutiert, die bis dahin weitgehend tabuisierten Problembereiche *familialer Gewalt, Gewalt gegen Frauen* und *Gewalt gegen Kinder* wurden somit zu „öffentlichen" Themen.

An dieser Stelle nun wird ein Widerspruch deutlich, der bereits des öfteren angesprochen wurde: Obwohl insbesondere subjektiv gehaltene Berichte über an Körper und Seele erfahrener *Gewalt* von Frauen aus Frauenhäusern und Kindern aus Kinderschutz-Zentren den Prozeß der Sensibilisierung für in den Lebensalltag von Menschen verwobene Gewaltphänomene sowie die in den 70er Jahren einsetzende „Bewegung" zur Enttabuisierung und Skandalisierung von Themenbereichen *familialer Gewalt* erst ermöglichten, wurden diese (auto-)biographischen Erzählungen und Berichte bisher nicht bzw. nicht in ausreichendem Maße als ernstzunehmende erkenntnisleitende Quelle für Forschungsbemühungen zu dem Problembereich der *seelischen Gewalt gegen Kinder* herangezogen.

---

[213] Kap. 1. des vorliegenden Einführungsbandes (Veränderungen durch d. Verf.).

Autobiographisch ausgerichtete Zeugnisse von Kindern und Jugendlichen zu den Themenbereichen *Gewalt gegen Kinder* und *Kindesmißhandlung* scheinen ein Phänomen der Gegenwart darzustellen, während autobiographische Beiträge als solche aus literaturgeschichtlicher Sicht eine etwa ab Beginn des 18. Jahrhunderts bedeutsam werdende Quelle kindheitstheoretischer und kindheitsgeschichtlicher Betrachtungen darstellt.

Auf der Grundlage i.w.S. autobiographischer Schriften wie auch Romanen wie beispielsweise KELLERs „Der grüne Heinrich", HESSEs „Unterm Rad" und STRAUSS' „Freund Hein" können erste Erkenntnisse hinsichtlich der Bearbeitung der Themen *Kindheit* und *Gewalt gegen Kinder* aufgefunden werden, anhand derer sich zum einen die sich ab der Jahrhundertwende allmählich abzeichnende Diskussion um das Verhältnis von Kindheit, Jugend, Schule, Familie und Gesellschaft, aber sich zum anderen auch die Komplexität der Einbindung eines Lebensschicksals in familiäre, soziale, gesellschaftliche, kulturelle und politische Zusammenhänge ablesen läßt.

Die aus einer wahren Flut von autobiographisch ausgerichteten und literarisch aufbereiteten Veröffentlichungen[214] beispielhaft zitierten Romane „Fanny und Alexander" von BERGMAN (1983) und „Lämmer" von CARMEL (1993) verweisen nicht in wissenschaftlicher, sondern literarischer Weise auf Zusammen-

---

[214] vgl. u.a. ARMSTRONG 1985, BACHMANN 1988, BERGMAN 1983, BIELER 1989, BROWNMILLER 1983, CARDINAL 1979, CARMEL 1993, CHRISTIANE F. 1980, DANICA 1989, DEGENHARDT 1982, DIRKS 1989, DORPAT 1982, FRASER 1988, GALEY 1988, GARDINER-SIRTL 1983, GIBB 2001, GINZBURG 1983, GLASS 1994, GLOER/SCHMIDESKAMP-BÖHLER 1990, HÄRTLING 1986, HANDKE 1972, HESSE 1970, HOPF/HOPF 1986, 1987, HOWARD 1988, JOHNS 1993, KAREDIG 1990, KARIN Q. 1978, KAVEMANN/LOHSTÖTER 1984, KÜHN 1990, KÜRBISCH 1983, KULESSA 1987, LAPPESSEN 1991, MECKEL 1979, MERTENS 1984, 1985, MERZ 1988, MOGGACH 1985, MORRIS 1988, MORRISON 1979, O'NEILL 1989, PIONTEK 1990, PIZZEY 1978, PLATEN 1988, PLATH 1975, 1978, RIJNAARTS 1988, RUSCH 1986, RUSH 1982, SADE 1990[12], SCHATZMAN 1978, SCHNEIDER 1992, SPRING 1988, STEENFATT 1986, STROMBERGER 1982, TALBERT 1989, TIKKANEN 1980, VALERE 1982, 1989, WACHTER 1985, WAHLDEN 2001, WALKER 1984, WASSMO 1984, 1985, 1987, ZIMMER 1979, ZORN 1979.

hänge verschiedener Phänomene *familialer Gewalt*, die beispielhaft an den komplexen Wechselbeziehungen von *Gewalt gegen Kinder* und *Erziehung* sowie *Gewalt gegen Frauen* und *Gewalt gegen Kinder* aufgezeigt werden können, und führen letztendlich zu der Formulierung der grundsätzlichen Frage, ob Erziehung unter gegenwärtigen Bedingungen überhaupt *gewaltfrei* gestaltet werden könnte, ob nicht *Gewalt* i.w.S. ein konstituierendes Merkmal von Erziehung sei.

An dieser Stelle nun scheint sich der Kreis der Argumentation zu schließen, da, ähnlich wie dies an dem Begriff *Gewalt* erläutert wurde, auch für *Erziehung* und *Gewaltfreiheit* wie auch für das Stichwort *gewaltfreie Erziehung* (bisher) keine allgemein gültigen Begriffsbestimmungen ausgearbeitet werden konnten, auf deren Grundlage Ansätze interdisziplinär ausgerichteter Gewaltforschung entwickelt werden konnten.

5.2. *Psychische Gewalt gegen Kinder* - Standortbestimmung und Perspektiven eines vernachlässigten Problembereiches

Gewalt gegen Kinder, und dies ist eine der wesentlichen Erkenntnisse der angestellten Überlegungen, umfaßt mehr als *körperliche Kindesmißhandlung*.

Diese banal wirkende Einsicht macht deutlich, daß ein sich lediglich auf den körperlichen Aspekt von *Gewalt gegen Kinder* stützendes Konzept nicht nur inhaltlich zu kurz greift, sondern infolge seiner Begrenztheit sinnlich nicht wahrnehmbare Formen von *psychischer* und *alltäglicher Gewalt* sowie deren auf verschiedenen Ebenen beobachtbaren Wechselwirkungen mit *körperlicher Gewalt* in der öffentlichen wie wissenschaftlich geführten Diskussion ausgrenzen kann.

Das Erkennen von subtil wirkenden Formen von *Gewalt gegen Kinder* steht in Abhängigkeit von dem jeweils vorherrschenden Grad an ausgeprägter Sensibilität in der Wahrnehmung von Gewaltphänomenen, die sich sowohl von seiten der Betrachter als auch von der der Betroffenen unterschiedlich darstellen kann.

Dabei wiederum kommt der Beantwortung der Frage eine wesentliche Bedeutung zu, welche Phänomene unter dem Begriff *Gewalt* und *Gewalt gegen Kinder* verstanden werden.

Werden inhaltlich eher beschränkte Konzepte von *Kindesmißhandlung* als Maßstab angelegt, so kommen nahezu ausschließlich den körperlichen Dimensionen des Phänomens begriffsbestimmende Bedeutung zu, die emotionalen und psychischen, die also eher unsichtbar bleibenden Spuren von *Gewalt* werden nicht in die Betrachtung einbezogen.

Bei eher weitgefaßten Konzepten von *Gewalt* und *Gewalt gegen Kinder* besteht die Gefahr der „begrifflichen Entgrenzung", d.h. dadurch daß sehr viele unterschiedliche Einzelphänomene unter den Begriff *Gewalt gegen Kinder* gefaßt werden können, verlieren Begriffsbestimmungen dieser Art die für eine notwendige Abgrenzung von anderen Konzepten bedeutsam werdenden klaren Konturen.

Für eine Neubelebung bisher vernachlässigter bzw. ausgeblendeter Aspekte innerhalb der wissenschaftlich geführten Diskussion um *Gewalt gegen Kinder* scheint es jedoch von nicht unwesentlicher Bedeutung zu sein, die subtil wirkenden, sich der unmittelbaren sinnlichen Wahrnehmung entziehenden und z.T. als „unsichtbar" kennzeichenbaren Spuren *nicht-körperlicher Gewalt* zu thematisieren.

Ein so als Ausgangspunkt gewählter Perspektivenwandel der Betrachtungsweise von vermeintlich unbeteiligten Wissenschaftlern hin zu subjektiven Sichtweisen unmittelbar von *Gewalt* betroffener Kinder und Jugendlicher eröffnet Möglichkeiten, engbegrenzte, den Bemühungen wissenschaftlicher Einzeldisziplinen zuzuordnende Definitionsversuche von *Kindesmißhandlung* und *Gewalt gegen Kinder* zumindest ansatzweise aufzulösen und bisher kaum in Betracht gezogene Dimensionen von *Gewalt in der alltäglichen Lebenswirklichkeit* von Kindern und Jugendlichen anzusprechen.

Diese Überlegungen sind auf theoretischer Ebene in Ansätzen in einem Konzept der *alltäglichen Gewalt*[215] verwirklicht, das jedoch einer weiteren methodisch abgesicherten und inhaltlich weiter zu entwickelnden Ausarbeitung bedarf.

Eine ernstzunehmende sozialwissenschaftlich ausgerichtete Gewaltforschung wird auf die prinzipielle Gleichwertigkeit in der Erforschung körperlicher wie emotionaler und seelischer Aspekte von *Gewalt gegen Kinder* abheben.

Der vielfach zitierte fehlende Nachweis objektiver bzw. objektivierbarer Folgen *psychischer Gewalt gegen Kinder* sowie das Fehlen eindeutig als kausal zu bezeichnender Beziehungen läßt zwar die Schwierigkeiten beim Erkennen *seelischer Gewalt gegen Kinder* verständlich werden, darf in letzter Konsequenz nicht dazu führen, das bislang in wissenschaftlichen Kreisen wahrnehmbare Desinteresse an diesem bedeutsamen Problem sozialer Lebenswirklichkeit von Kindern und Jugendlichen dauerhaft festzuschreiben: die Unmöglichkeit, bisher fehlende eindeutige Zusammenhänge von *psychischer Gewalt gegen Kinder* nachweisen zu können, beweist jedoch nicht deren Nicht-Existenz.

5.3. Ausblick

Die aktuelle Forschungslage über den Problembereich *psychische Gewalt gegen Kinder* erweist sich auf den ersten, oberflächlichen Blick als ausweglos, bei kritischer Betrachtung lassen sich aber unterschiedliche Möglichkeiten erkennen, diese Misere zumindest teilweise aufzulösen.

Gewaltphänomene können, und dies ist eine der zentralen Aussagen des vorliegenden Einführungsbandes, erst dann in ihren wahren Bedeutung realistisch eingeschätzt werden, wenn dies das soziale, kulturelle und politische „Klima" einer Gesellschaft zuläßt.

Da aber nicht ausschließlich wissenschaftlich erarbeitete Erkenntnisse in den Prozeß der zunehmend beobachtbaren Sensibilisierung für *Gewalt* einmünden, sondern auch und insbesondere subjektiv-persönliche Berichte von *Gewalt* betroffe-

---

[215] vgl. zu ersten Ansätzen u.a. ESSER 1987, ESSER 1988, HUBER 1993, RAUCH-FLEISCH 1992.

ner Frauen und Kinder sowie Einflüsse von politischen Initiativen zur Enttabuisierung und Skandalisierung von familialen und gesellschaftlichen Gewaltphänomenen, scheint es naheliegend, diese autobiographischen Schriften und literarischen Vorlagen, unabhängig von bisher ungelösten forschungsmethodischen Schwierigkeiten, als qualitativ bedeutsame Quellen zur Erhellung von Problemen im Zusammenhang mit *(psychischer) Gewalt gegen Kinder* heranzuziehen und in diesem Zusammenhang i.w.S. autobiographische Forschungsansätze zu erarbeiten.

Im Rahmen dieser Überlegungen darf jedoch nicht der Anspruch erhoben werden, Phänomene *psychischer Gewalt gegen Kinder* in ihrer gesamten Bandbreite erklären zu wollen, sondern eher der, über den Weg autobiographischer Forschung qualitative Aspekte des Phänomens erhellen zu können, die beispielsweise auf Fragen zu dem sogenannten *Kreislauf der Gewalt*, zu der *sozialen Vererbung* von *Gewalt*, zu möglichen Auswirkungen von Gewalterfahrungen in der eigenen Kindheit auf die Wahl von Erziehungsmethoden der eigenen Kinder hinweisen, die Fragen berühren im Zusammenhang mit der Bedeutung, die alltäglich erfahrene, unsensationelle *Gewalt* in ihren vielfältigen Ausdrucks- und Erscheinungsformen auf die weitere Gestaltung eines individuellen Lebens einnehmen kann.

6. Literaturverzeichnis

Die in der einschlägigen wissenschaftlichen, aber auch in der populärwissenschaftlichen und belletristischen Literatur vorfindlichen Veröffentlichungen, in denen Aspekte der Problembereiche *Gewalt gegen Kinder* und *Kindesmißhandlung* thematisiert werden, stellen sich so vielfältig und unübersichtlich dar, daß es im Rahmen eines Einführungsbandes in den Themenbereich *psychische Gewalt gegen Kinder* sinnvoll erscheint, unterschiedliche Literaturverzeichnisse anzulegen:

In einem ersten Schritt werden Veröffentlichungen unterschiedlicher Herkunft unter die Überschrift „Zur allgemeinen Einführung in den Themenbereich *Gewalt gegen Kinder*" gefaßt.

In einem zweiten Schritt werden die Veröffentlichungen genannt, die in der einschlägigen wissenschaftlichen Literatur zu dem Bereich der *psychischen Gewalt gegen Kinder* aufzufinden sind.

In einem dritten Schritt wird dann ein ausführliches Literaturverzeichnis angelegt, auf dessen Grundlage bei Interesse ausgewählte Aspekte des übergeordneten Themenbereiches *Gewalt gegen Kinder/Kindesmißhandlung* erarbeitet bzw. vertieft werden können.

6.1. Literatur

Zur allgemeinen Einführung in den Themenbereich *Gewalt gegen Kinder/ Kindesmißhandlung*

BAST, H./BERNECKER, A./KASTIEN, L./SCHMITT, G./WOLFF, R. (Hg.) 1975
(Arbeitsgruppe Kinderschutz): Gewalt gegen Kinder. Kindesmißhandlungen und ihre Ursachen. Reinbek bei Hamburg.

BERNECKER, A./MERTEN, W./WOLFF, R. (Hg.) 1982: Ohnmächtige Gewalt. Kindesmißhandlung: Folgen der Gewalt, Erfahrungen und Hilfen. Reinbek bei Hamburg.

DEEGENER, G. 2000: Die Würde des Kindes. Plädoyer für eine Erziehung ohne Gewalt. Weinheim, Basel.

DeMAUSE, L. (Hrsg.) 1977: Hört ihr die Kinder weinen? Eine psychogenetische Geschichte der Kindheit. Frankfurt/Main.

GALTUNG, J. 1975: Strukturelle Gewalt. Beiträge zur Friedens- und Konfliktforschung. Reinbek bei Hamburg.

HONIG, M.-S. 1992: Verhäuslichte Gewalt. Frankfurt/Main.

NEIDHARDT, F. 1986: Gewalt. Soziale Bedeutungen und sozialwissenschaftliche Bestimmung des Begriffs. In: „Was ist Gewalt?" Auseinandersetzungen mit einem Begriff; hrsg. v. Bundeskriminalamt. Bd. 1. Wiesbaden 1986, 109-147.
PETRI, H. 1989: Erziehungsgewalt. Zum Verhältnis von persönlicher und gesellschaftlicher Gewaltausübung in der Erziehung. Frankfurt/Main.
RAUCHFLEISCH, U. 1992: Allgegenwart von Gewalt. Göttingen.
RUSCH, R. (Hrsg.) 1993 a: Gewalt. Kinder schreiben über Erlebnisse, Ängste, Auswege. Frankfurt/Main.
SOMMER, B. 2002: Gewalt gegen Kinder/Kindesmißhandlung. Grundlagen für Fortbildungsveranstaltungen und Selbststudium. Marburg/Lahn.
WITTENHAGEN, U./WOLFF, R. 1980: Kindesmißhandlung - Kinderschutz. Broschüre hrsg. v. Bundesministerium für Jugend, Familie und Gesundheit. Bonn.
WOLFF, R. 1982 a: Kindesmißhandlung als ethnopsychische Störung. In: BERNECKER, A. et al. (Hg.), Ohnmächtige Gewalt. Reinbek bei Hamburg 1982, 69-80.

6.2. Literatur

Zum Themenbereich *psychische Gewalt gegen Kinder*

BUSKOTTE, A. 1992: Schlimmer als Schläge? Formen, Folgen und Ursachen psychischer Gewalt. In: Jugend & Gesellschaft 4/5, 1992, 19-21.
COVITZ, J. 1993: Der Familienfluch. Seelische Kindesmißhandlung. Olten, Freiburg/Brsg.
Deutscher Kinderschutzbund (Hg.) 1989: Hilfe statt Gewalt. Die Erklärung des Deutschen Kinderschutzbundes zur gewaltsamen Beeinträchtigung von Kindern in Familien. Hannover.
ENGFER, A. 1986: Kindesmißhandlung. Ursachen, Auswirkungen, Hilfen. Stuttgart.
HERZKA, H.S. 1989 a: Seelische Gewalt gegen Kinder. In: RETZLAFF, I. (Hrsg.), Gewalt gegen Kinder. Mißhandlung und sexueller Mißbrauch Minderjähriger. Neckarsulm 1989, 106-122.
HERZKA, H.S. 1989 b: Die neue Kindheit. Dialogische Entwicklung - autoritätskritische Erziehung. Basel.
HIRIGOYEN, M.-F. 2000[2]: Die Masken der Niedertracht. Seelische Gewalt im Alltag und wie man sich dagegen wehren kann. München.
JUNGJOHANN, E. 1991: Kinder klagen an. Angst, Leid und Gewalt. Frankfurt/Main.
RAUCHFLEISCH, U. 1992: Allgegenwart von Gewalt. Göttingen.
SOMMER, B. 1996 a: Zum Bedeutungswandel von Gewalt gegen Kinder. Aspekte qualitativen Wandels des Phänomens Gewalt gegen Kinder als Problem sozialer Wirklichkeit. Egelsbach.
SOMMER, B. 1996 b: Anmerkungen zum aktuellen Forschungsstand über psychische Gewalt gegen Kinder. Subjektive Gewalterfahrungen und (auto-)biographische Literatur. In: Unsere Jugend (48), 1996, 7, 300-310.
SOMMER, B. 1998: Zur Konzeption eines Einführungsseminars Gewalt gegen Kinder/Kindesmißhandlung. Didaktische Überlegungen zur Seminarplanung an der Berufsakademie Villingen-Schwenningen, Fachbereich Sozialwesen. In: Unsere Jugend (50), 1998, 9, 414-420.
SOMMER, B. 2000 b: Gewalt gegen Kinder/Kindesmißhandlung. Didaktische Überlegungen zu Konzeption, Durchführung und Auswertung von Einführungsveranstaltungen für Studenten der Sozialpädagogik. Egelsbach.
WITTENHAGEN, U./WOLFF, R. 1980: Kindesmißhandlung - Kinderschutz. Broschüre hrsg. v. Bundesministerium für Jugend, Familie und Gesundheit. Bonn.

6.3. Verzeichnis der benutzten/der weiterführenden Literatur

ALBRECHT, P.-A./BACKES, O. 1990: Verdeckte Gewalt. Prolegomena zu den Plädoyers für eine „Innere Abrüstung". In: ALBRECHT, P.-A./BACKES, O. (Hg.), Verdeckte Gewalt. Plädoyers für eine „Innere Abrüstung". Frankfurt/Main 1990, 7-30.
ALLERT-WYBRANIETZ, K. (Hrsg.) 1988: Ich will leben und meine Katze auch. Kinder schreiben an Reagan und Gorbatschow. München.
AMELANG, M./KRÜGER, C. 1995: Mißhandlung von Kindern: Gewalt in einem sensiblen Bereich. Darmstadt.
AMENDT, G./SCHWARZ, M. 1990: Das Leben unerwünschter Kinder. Bremen.
AMMON, G. 1979: Kindesmißhandlung. München.
Arbeitsgemeinschaft Friedenspädagogik AGFP (Hg.) 1985: Alltägliche Gewalt. München.
ARIES, P. 1975: Geschichte der Kindheit. München.
ARMSTRONG, L. 1985: „Kiss Daddy Goodnight". Aussprache über Inzest. Frankfurt/Main.
BAACKE, D. 1984: Die 6- bis 12-Jährigen. Einführung in Probleme des Kindesalters. Weinheim, Basel.
BACHMANN, I. 1988: Malina. Frankfurt/Main.
BACON, R. 1982: Sozialhistorische Bemerkungen zur Diskussion über familiale Gewalt. In: BERNECKER, A. et al. (Hg.), Ohnmächtige Gewalt. Reinbek bei Hamburg 1982, 52-68.
BAHR, H.-E. 1994: Aggression und Lebenslust. Kooperieren statt konfrontieren. Düsseldorf.
BÄRSCH, W. 1983 a: Gewalt gegen Kinder - ein zentrales Aufgabenfeld des Deutschen Kinderschutzbundes. In: Deutscher Kinderschutzbund (Hg.), Schützt Kinder vor Gewalt. Weinheim 1983, 11-21.
BÄRSCH, W. 1983 b: Gewalt im Bereich der Institutionen: Beispiel Schule. In: Deutscher Kinderschutzbund (Hg.), Schützt Kinder vor Gewalt. Weinheim 1983, 83-95.
BÄRSCH, W. 1990: Die Kinderschutzbewegung und die Arbeit des Kinderschutzbundes bei der Bekämpfung der Gewalt in der Familie. In: Deutsche Richterakademie Trier (Hg.), Gewalt an Frauen - Gewalt in der Familie. Heidelberg 1990, 121-129.
BANGE, D. 1992: Die dunkle Seite der Kindheit. Sexueller Mißbrauch an Mädchen und Jungen. Ausmaß, Hintergründe, Folgen. Köln.
BAST, H. 1975: Zur Lage der Kinder in der Bundesrepublik Deutschland. In: BAST, H. et al. (Hg.), Gewalt gegen Kinder. Reinbek bei Hamburg 1975, 45-98.
BAST, H./BERNECKER, A./KASTIEN, L./SCHMITT, G./WOLFF, R. (Hg.) 1975 (Arbeitsgruppe Kinderschutz): Gewalt gegen Kinder. Kindesmißhandlungen und ihre Ursachen. Reinbek bei Hamburg.
BECKER, W. 1976: Mißhandelte Kinder - Mißhandlungen sind nicht nur Schläge. In: Theorie und Praxis der Sozialpädagogik (84) 1976, 6, 248-253.
BEHME, U./SCHMUDE, M. 1983: Der geschützte Raum. Diagnose und Therapie mißhandelter Kinder. Berlin.
BEIDERWIEDEN, J./WINDAUS, E./WOLFF, R. 1990^2: Jenseits der Gewalt. Hilfen für mißhandelte Kinder. Basel, Frankfurt/Main.
BERGDOLL, K./NAMGALIES-TREICHLER, C. 1987: Frauenhaus im ländlichen Raum. Stuttgart, Berlin, Köln, Mainz.
BERGMAN, I. 1983: Fanny und Alexander. Roman in sieben Bildern. München.
BERGMANN, Chr. 2000: Vorwort. In: DEEGENER, G., Die Würde des Kindes. Plädoyer für eine Erziehung ohne Gewalt. Weinheim, Basel 2000, 7-8.
BERNECKER, A./MERTEN, W./WOLFF, R. (Hg.) 1982: Ohnmächtige Gewalt. Kindesmißhandlung: Folgen der Gewalt, Erfahrungen und Hilfen. Reinbek bei Hamburg.
BIELER, M. 1989: Still wie die Nacht. Memoiren eines Kindes. Hamburg.

BIERMANN, G. 1969: Kindeszüchtigung und Kindesmißhandlung. Eine Dokumentation. München.
BIERMANN, G. 1973: Über Kindesmißhandlungen. In: Vorgänge (12) 1973, 3, 32-39.
BIERMANN, G. (Hrsg.) 1977: Kinder im Schulstreß. München.
BIERMANN, G. 1978: Hilfen für das mißhandelte Kind. In: Jugendschutz heute 1978, 3, 1-8.
BIERMANN, G. 1979: Hiebe statt Liebe? Über Gewalt als Erziehungsmittel. In: Die Politische Bildung (24) 1979, 183, 27-32.
BIERMANN, G./BIERMANN, R. 1978: Scheidungskinder. In: Praxis der Kinderpsychologie und Kinderpsychiatrie (27) 1978, 6, 221-234.
BIERMANN, G./BIERMANN, R. 1982: Das kranke Kind und seine Umwelt. München, Basel.
BLAGER, F./MARTIN, H.P. 1976: Speech and Language of Abused Children. In: MARTIN, H.P. (Hrsg.), The Abused Child. Cambridge/Mass. 1976, 83-92.
BLEUEL, H.P. 1981: Kinder - und die Welt, in der sie leben. Ein Buch für Eltern und Erzieher. Braunschweig.
BÖHM, J./BRUNE, J./FLÖRCHINGER, H./HELBING, A./PINTHER, A. (Hg.) 1993: Deutsch-Stunden. Aufsätze. Was Jugendliche von der Einheit denken. Berlin.
BOSCH, M. 1991: Vom „kleinen Erwachsenen" zum „idealen Kind". Literaturgeschichtliche Anmerkungen. In: BOSCH, M. (Hrsg.), Kindheitsspuren. Literarische Zeugnisse aus dem Südwesten. Karlsruhe 1991, 293-303.
BRAUNMÜHL, E. von 1975: Antipädagogik. Studien zur Abschaffung der Erziehung. Weinheim.
BRAUNMÜHL, E. von 1978: Zeit für Kinder. Theorie und Praxis von Kinderfeindlichkeit, Kinderfreundlichkeit, Kinderschutz. Frankfurt/Main.
BRAUNMÜHL, E. von/KUPFFER, H./OSTERMEYER, H. 1976: Die Gleichberechtigung des Kindes. Frankfurt/Main.
BRINKMANN, W. 1983: Gewalt gegen Kinder oder Vom dicken Ende unter der Spitze des Eisbergs. In: Deutscher Kinderschutzbund (Hg.), Schützt Kinder vor Gewalt. Weinheim 1983, 37-55.
BRINKMANN, W. 1984: Gewalt gegen Kinder. Eine provokative Skizze gegen Scheinheiligkeit und vordergründige Aufregung. In: BRINKMANN, W./HONIG, M.-S. (Hg.), Kinderschutz als sozialpolitische Praxis. München 1984, 21-43.
BRINKMANN, W. 1993: Kindesmißhandlung und Kinderschutz: Problemangemessene Hilfen zwischen karitativer Mildtätigkeit und fürsorglicher Belagerung. In: GRAESSNER, G./MAUNTEL, C./PÜTTBACH, E. (Hg.), Gefährdungen von Kindern. Problemfelder und präventive Ansätze im Kinderschutz. Opladen 1993, 94-122.
BRINKMANN, W./HONIG, M.-S. (Hg.) 1983: Soziale Praxis gegen familiale Gewalt. München.
BRINKMANN, W./HONIG, M.-S. (Hg.) 1984 a: Kinderschutz als sozialpolitische Praxis. München.
BRINKMANN, W./HONIG, M.-S. 1984 b: Umrisse eines Kinderschutzes als sozialpolitische Praxis. In: BRINKMANN, W./HONIG, M.-S. (Hg.), Kinderschutz als sozialpolitische Praxis. München 1984, 7-20.
BROCHER, T. 1972: Einleitung in P. MOOR, Das Selbstportrait des Jürgen Bartsch. Reinbek bei Hamburg 1972, 13-16.
Brockhaus Enzyklopädie 1989[19]: Bd. 8. Mannheim.
BRONFENBRENNER, U. 1976: Ökologische Sozialisationsforschung. Stuttgart.
BRONFENBRENNER, U. 1983: Ökologische Perspektiven zur Kinder- und Familienpolitik. In: Neue Praxis (13) 1983, 1, 5-13.
BROSZAT, T. 1982: Schläge aus Liebe. Wie Familien versuchen, eine normale Familie zu leben. In: HONIG, M.-S. (Hrsg.), Kindesmißhandlung. München 1982, 53-94.

BROSZAT, T. 1984: Mythos Gewalt. Veröffentlichte Entrüstung als Legitimation von Kinderschutz. In: BRINKMANN, W./HONIG, M.-S. (Hg.), Kinderschutz als sozialpolitische Praxis. München 1984, 44-76.
BROWNMILLER, S. 1983: „Gegen unseren Willen" - Vergewaltigung und Männerherrschaft. Frankfurt/Main.
BRÜCKNER, P. 1975: Gewalt in der Sozialisation. Zur Situation in der Familie. In: BAST, H. et al. (Hg.), Gewalt gegen Kinder. Reinbek bei Hamburg 1975, 117-131.
BRÜCKNER, P. 1979: Über die Rolle der Gewalt in der Konstruktion und Zerstörung sozialer Systeme. In: BRÜCKNER, P., Über die Gewalt. Sechs Aufsätze. Berlin 1979, 110-141.
BRÜNDEL, H./HURRELMANN, K. 1994: Gewalt macht Schule. Wie gehen wir mit aggressiven Kindern um? München.
BRÜNINK, J./GLENEWINKEL, W./HERMSEN, H./KERBST, R. 1979: Kindesmißhandlung. Arbeitsmaterialien aus dem Bielefelder Oberstufen-Kolleg Bd. 6. Bielefeld.
BÜCHNER, P. 1983: Vom Befehlen und Gehorchen zum Verhandeln. Entwicklungstendenzen von Verhaltensstandards und Umgangsformen seit 1945. In: PREUSS-LAUSITZ, U. et al. (Hg.), Kriegskinder, Konsumkinder, Krisenkinder. Zur Sozialisationsgeschichte seit dem Zweiten Weltkrieg. Weinheim 1983, 196-212.
BÜCHNER, P. 1989: Individualisierte Kindheit „jenseits von Klasse und Schicht"? Überlegungen zum Stellenwert neuer Dimensionen sozialer Ungleichheit im Kindesalter. In: GEULEN, D. (Hrsg.), Kindheit. Neue Realitäten und Aspekte. Weinheim 1989, 144-159.
Bürgerliches Gesetzbuch (BGB) 2000[48]. München 2001 (Stand: 20.12.2000).
BÜTTNER, C. 1989: Gewalt in der Familie. In: HEITMEYER, W./MÖLLER, K./SÜNKER, H. (Hg.), Jugend, Staat, Gewalt. Politische Sozialisation von Jugendlichen, Jugendpolitik und politische Bildung. Weinheim, München 1989, 113-123.
BÜTTNER, C./NICKLAS, H. 1984: Wenn Liebe zuschlägt. Gewalt in Familien. München.
BÜTTNER, C./ENDE, A. (Hg.) 1987: Gefördert und mißhandelt. Kinderleben zwischen 1740 und heute. Weinheim, Basel.
BUJOK-HOHENAUER, E. 1982: Gewalt gegen Kinder. Zum Stand von Forschung und Praxis. In: HONIG, M.-S. (Hrsg.), Kindesmißhandlung. München 1982, 13-52.
BUSKOTTE, A. 1992: Schlimmer als Schläge? Formen, Folgen und Ursachen psychischer Gewalt. In: Jugend & Gesellschaft 4/5, 1992, 19-21.
CALLIESS, J. 1983: Gewaltverständnis und Gewaltaufklärung. In: CALLIESS, J. (Hrsg.), Gewalt in der Geschichte. Düsseldorf 1983, 9-16.
CALLIESS, J./LOB, R.E. (Hg.) 1987: Handbuch Praxis der Umwelt- und Friedenserziehung Bd. 1: Grundlagen. Düsseldorf.
CALLIESS, J./LOB, R.E. (Hg.) 1988: Handbuch Praxis der Umwelt- und Friedenserziehung Bd. 3: Friedenserziehung. Düsseldorf.
CARDINAL, M. 1979: Schattenmund. Reinbek bei Hamburg.
CARMEL, A. 1993: Lämmer. Roman. Zürich.
CHRISTENSEN, G. 1978: Wie wir leben ... Zahlen, Fakten und Analysen zur Frage der Kinder. Dortmund.
CHRISTIANE F. 1980: Wir Kinder vom Bahnhof Zoo (hrsg. v. K. HERMANN und N. RIECK). Hamburg.
CLAASSEN, H./RAUCH, U. 1980: Gewalt gegen Kinder aus sozialpädagogischer Sicht. Köln.
COVITZ, J. 1993: Der Familienfluch. Seelische Kindesmißhandlung. Olten, Freiburg/Brsg.
CZERMAK, H. 1983: Über die alltägliche Gewalt im Umgang mit Kindern. In: HAESLER, W.T. (Hrsg.), Kindesmißhandlung. Diessenhofen 1983, 59-67.
DANICA, E. 1989: Nicht! München.

DEEGENER, G. 1992: Orientierungshilfen bei Kindesmißhandlung. Tabellarische Übersicht zu kompensatorischen Bedingungen und Risikofaktoren. Mainz.
DEEGENER, G. 2000: Die Würde des Kindes. Plädoyer für eine Erziehung ohne Gewalt. Weinheim, Basel.
DEGENHARDT, F.J. 1982: Die Mißhandlung oder Der freihändige Gang über das Gelände der S-Bahn. Reinbek bei Hamburg.
DeMAUSE, L. (Hrsg.) 1977: Hört ihr die Kinder weinen? Eine psychogenetische Geschichte der Kindheit. Frankfurt/Main.
DeMAUSE, L. 1980: Gequält, mißbraucht, ermordet. In: Kindheit ist nicht kinderleicht (hrsg. v. der Redaktion der Zeitschrift psychologie heute). Weinheim, Basel 1980, 13-21.
Deutsches Jugendinstitut (Hg.) 1993: Was für Kinder. Aufwachsen in Deutschland. Ein Handbuch. München.
Deutscher Kinderschutzbund 1982: Jahresthema 1982 - Gewalt gegen Kinder. Hektogr. Manuskript. Hannover.
Deutscher Kinderschutzbund (Hg.) 1983: Schützt Kinder vor Gewalt. Vom reaktiven zum aktiven Kinderschutz. Weinheim.
Deutscher Kinderschutzbund (Hg.) 1985: Wenn Eltern zuschlagen ... Gesellschaftliche Voraussetzungen und Bedingungen der Kinderschutzarbeit. Hannover.
Deutscher Kinderschutzbund (Hg.) 1989: Hilfe statt Gewalt. Die Erklärung des Deutschen Kinderschutzbundes zur gewaltsamen Beeinträchtigung von Kindern in Familien. Hannover.
DIRKS, L. 1989: Die liebe Angst. Reinbek bei Hamburg.
DOEHLEMANN, M. 1979: Von Kindern lernen. Zur Position des Kindes in der Welt der Erwachsenen. München.
DOORMANN, L. 1979: Zur sozialen Situation der Kinder in der Bundesrepublik. In: DOORMANN, L. (Hrsg.), Kinder in der Bundesrepublik. Materialien, Initiativen, Alternativen. Köln 1979, 15-65.
DORPAT, C. 1982: Welche Frau wird so geliebt wie du. Eine Ehegeschichte. Berlin.
DREWES, D. 1997: Schützt unsere Kinder! Stoppt ihre sexuelle Ausbeutung! Augsburg.
DUENSING, F. 1903: Verletzung der Fürsorgepflicht gegenüber Minderjährigen. Ein Versuch zu ihrer strafgesetzlichen Behandlung. Diss. Staatsw. Fak. Univ. Zürich 1903.
ELIAS, N. 1970: Die höfische Gesellschaft. Neuwied.
ELIAS, N. 1971^2: Was ist Soziologie? München.
ELIAS, N. 1972: Soziologie und Psychiatrie. In: WEHLER, H.U. (Hrsg.), Soziologie und Psychoanalyse. Stuttgart 1972, 11-41.
ELIAS, N. 1977^2 a: Über den Prozeß der Zivilisation. Soziogenetische und psychogenetische Untersuchungen. Bd. 1: Wandlungen des Verhaltens in den weltlichen Oberschichten des Abendlandes. Frankfurt/Main.
ELIAS, N. 1977 b: Zur Grundlegung einer Theorie sozialer Prozesse. In: Zeitschrift für Soziologie 6, 1977, 127-149.
ELIAS, N. 1978: Über den Prozeß der Zivilisation. Soziogenetische und psychogenetische Untersuchungen. Bd. 2: Wandlungen der Gesellschaft, Entwurf zu einer Theorie der Zivilisation. Frankfurt/Main.
ELIAS, N. 1979: Über Wandlungen der Angriffslust. In: SPÄTH, B. (Hrsg.), Aggressivität und Erziehung. München 1979, 38-48.
ELKIND, D. 1989: Wenn Eltern zuviel fordern. Die Rettung der Kindheit vor leistungsorientierter Früherziehung. Hamburg.
ELKIND, D. 1991: Das gehetzte Kind. Werden unsere Kleinen zu schnell groß? Hamburg.
ELSCHENBROICH, D. 1977: Kinder werden nicht geboren. Studien zur Entstehung der Kindheit. Frankfurt/Main.

ENDE, A. 1980: Damit's kein Prachtkind wird: Kindheit in Deutschland. In: psychologie heute (7) 1980, 12, 37-42.
ENDE, A. 1984: Der alltägliche Krieg gegen die Kinder. In: STEINWEG, R. (Red.), Vom Krieg der Erwachsenen gegen die Kinder. Möglichkeiten der Friedenserziehung. Frankfurt/Main 1984, 18-25.
ENDERS, U. (Hrsg.) 1990²: Zart war ich, bitter war's. Sexueller Mißbrauch an Mädchen und Jungen. Erkennen, Schützen, Beraten. Köln.
ENGELBERT, A. 1993: Wandel der Familie - Gefährdung für Kinder? In: GRAESSNER, G./MAUNTEL, C./PÜTTBACH, E. (Hg.), Gefährdungen von Kindern. Problemfelder und präventive Ansätze im Kinderschutz. Opladen 1993, 59-80.
ENGFER, A. 1982: Auswirkungen harten elterlichen Strafens. Diss. Universität Trier.
ENGFER, A. 1986: Kindesmißhandlung. Ursachen, Auswirkungen, Hilfen. Stuttgart.
ENGFER, A. 1990: Entwicklung von Gewalt in sogenannten Normalfamilien. In: MARTINIUS, J./FRANK, R. (Hg.), Vernachlässigung, Mißbrauch und Mißhandlung von Kindern. Erkennen, Bewußtmachen, Helfen. Bern, Stuttgart, Toronto 1990, 59-68.
ENGFER, A. 1993: Kindesmißhandlung und sexueller Mißbrauch. In: MARKEFKA, M./NAUCK, B. (Hg.), Handbuch der Kindheitsforschung. Neuwied, Kriftel, Berlin 1993, 617-629.
ENGFER, A./MINSEL, B./WALPER, S. (Hg.) 1991: Zeit für Kinder! Kinder in Familie und Gesellschaft. Weinheim, Basel.
ERNST, H. 1987: Keine Zeit mehr, Kind zu sein. In: Klein sein, groß werden (hrsg. v. der Redaktion psychologie heute). Thema: Kinderpsychologie. Weinheim, Basel 1987, 141-159.
ERNST, A./STAMPFEL, S. 1991: Kinder-Report. Wie Kinder in Deutschland leben. Köln.
ESSER, J. 1978: Unterricht über Gewalt. München, Wien, Baltimore.
ESSER, J. 1987: Alltägliche Gewalt. In: CALLIESS, J./LOB, R.E. (Hg.), Handbuch Praxis der Umwelt- und Friedenserziehung Bd. 1: Grundlagen. Düsseldorf 1987, 374-378.
ESSER, J. 1988: Recht hat immer der Stärkere: Gewalt im Alltag. In: CALLIESS, J./LOB, R.E. (Hg.), Handbuch Praxis der Umwelt- und Friedenserziehung Bd. 3: Friedenserziehung. Düsseldorf 1988, 467-477.
EYFARTH, H./OTTO, H.-U./THIERSCH, H. (Hg.) 1987: Handbuch zur Sozialarbeit/Sozialpädagogik. Neuwied, Darmstadt.
FARSON, R. 1975: Menschenrechte für Kinder. Die letzte Minderheit. München.
FELDMANN-BANGE, G./KRÜGER, K.-J. (Hg.) 1986: Gewalt und Erziehung. Bonn.
FELTES, T. 1990: Gewalt in der Schule. In: SCHWIND, H.-D./BAUMANN, J. (Hg.), Ursachen, Prävention und Kontrolle von Gewalt. Analysen und Vorschläge der Unabhängigen Regierungskommission zur Verhinderung und Bekämpfung von Gewalt (Gewaltkommission). Bd. III. Berlin 1990, 317-341.
FEND, H. 1988: Sozialgeschichte des Aufwachsens. Bedingungen des Aufwachsens und Jugendgestaltung im 20. Jahrhundert. Frankfurt/Main.
FICHTENKAMM, R. 1987: Familiale Übergänge im Wandel. Die sozialwissenschaftliche und die statistische Literatur über qualitative Erhebungs- und Auswertungsmethoden und über die Bedeutung dieser Methoden für die Familienforschung. Wiesbaden.
FISCH, J. 1987: Gewalt und Frieden in der Geschichte. In: CALLIESS, J./LOB, R.E. (Hg.), Handbuch Praxis der Umwelt- und Friedenserziehung Bd. 1: Grundlagen. Düsseldorf 1987, 322-330.
FLITNER, A. 1982: Konrad, sprach die Frau Mama ... Über Erziehung und Nicht-Erziehung. Berlin.
FÖSTER, M. (Hrsg.) 1984: Jürgen Bartsch. Nachruf auf eine „Bestie". Dokumente, Bilder, Interviews. Das Buch zum Film von R. SCHÜBEL. Essen.

FORSCHNER, M. 1985: Gewalt und politische Gesellschaft. In: SCHÖPF, A. (Hrsg.), Aggression und Gewalt. Anthropologisch-sozialwissenschaftliche Beiträge. Würzburg 1985, 13-36.
FRANZKOWIAK, P. 1993: Gesundheit und Gesundheitsforschung. Ein Überblick. In: GRAESSNER, G./MAUNTEL, C./PÜTTBACH, E. (Hg.), Gefährdungen von Kindern. Problemfelder und präventive Ansätze im Kinderschutz. Opladen 1993, 132-146.
FRASER, S. 1988: Meines Vaters Haus. Die Geschichte eines Inzests. Düsseldorf.
Frauen für den Frieden Basel (Hg.) 1983: Unsere tägliche Gewalt. Oft nicht erkannte Formen von Repression in unserer Gesellschaft. Basel.
FRINDTE, W. 1993: „Die Gewalt herrscht ...". Aspekte einer sozialpsychologischen Betrachtung. In: KEMPF, W. et al. (Hg.), Gewaltfreie Konfliktlösungen. Interdisziplinäre Beiträge zu Theorie und Praxis friedfertiger Konfliktbearbeitung. Heidelberg 1993, 17-34.
FROESE, L. 1979: Zehn Gebote für Erwachsene. Texte für den Umgang mit Kindern. Frankfurt/Main.
FUCHS, A. 1993: Gewaltbegriff und Funktion von Gewalt. In: KEMPF, W. et al. (Hg.), Gewaltfreie Konfliktlösungen. Interdisziplinäre Beiträge zu Theorie und Praxis friedfertiger Konfliktbearbeitung. Heidelberg 1993, 35-53.
FUCHS, W. 1984: Biographische Forschung. Opladen.
GALEY, I. 1988: Ich weinte nicht, als Vater starb. Bern.
GALTUNG, J. 1971: Gewalt, Frieden und Friedensforschung. In: SENGHAAS, D. (Hrsg.), Kritische Friedensforschung. Frankfurt/Main 1971, 55-104.
GALTUNG, J. 1975: Strukturelle Gewalt. Beiträge zur Friedens- und Konfliktforschung. Reinbek bei Hamburg.
GALTUNG, J. 1978: Der besondere Beitrag der Friedensforschung zum Studium der Gewalt: Typologien. In: RÖTTGERS, K./SANER, H. (Hg.), Gewalt. Grundlagenprobleme in der Diskussion der Gewaltphänomene. Basel 1978, 9-32.
GALTUNG, J. 1987: Begriffsbestimmung: Frieden und Krieg. In: CALLIESS, J./LOB, R.E. (Hg.), Handbuch Praxis der Umwelt- und Friedenserziehung Bd. 1: Grundlagen. Düsseldorf 1987, 331-336.
GALTUNG, J. 1993: Kulturelle Gewalt. In: WEHLING, H.-G. (Red.), Aggression und Gewalt. Stuttgart, Berlin, Köln 1993, 52-73.
GALUSKE, M. 1998: Methoden der Sozialen Arbeit. Weinheim, München.
GARDINER, M. 1982: Mörder ohne Schuld. Warum Kinder töten. Gründe und Hintergründe. Frankfurt/Main.
GARDINER-SIRTLE, A. 1983: Als Kind mißbraucht. Frauen brechen ihr Schweigen. München.
GELLES, R.J. 1975: Kindesmißhandlung als Psychopathologie. Eine soziologische Kritik und Neuformulierung des Problems. In: BAST, H. et al. (Hg.), Gewalt gegen Kinder. Reinbek bei Hamburg 1975, 263-277.
GELLES, R.J. 1978: Neuere Forschungen über Ausmaß und Ursachen familialer Gewalt. In: Kinderschutz-Zentrum Berlin (Hg.), Forum Kindesmißhandlung. Berlin 1978.
Gewalt gegen Frauen 1992: Aktionswochen der Ministerin für die Gleichstellung von Mann und Frau gemeinsam mit den kommunalen Gleichstellungsbeauftragten des Landes Nordrhein-Westfalen. Dokumentation. Düsseldorf.
GIBB, C. 2001: Worüber niemand spricht. Berlin.
GIESE, S. 1999: „Die Erinnerung ist wie eine Zeitbombe" - Familiale Gewalterfahrung als Wiederholungsphänomen am Beispiel autobiographischer Dokumentation; unveröffentl. Diplomarbeit an der Berufsakademie Villingen-Schwenningen, Fachbereich Sozialwesen. VS-Schwenningen.
GIESECKE, H. 1993[6]: Das Ende der Erziehung. Neue Chancen für Familie und Schule. Stuttgart.

GIESECKE, H. 1996[5]: Pädagogik als Beruf. Grundformen pädagogischen Handelns. Weinheim, München.
GIL, D.G. 1975: Gewalt gegen Kinder. In: BAST, H. et al. (Hg.), Gewalt gegen Kinder. Reinbek bei Hamburg 1975, 241-263.
GILLES, A. 1987: Nur ich allein. Aufwachsen als Einzelkind. In: HAGEDORN, F. (Hrsg.), Kindsein ist kein Kinderspiel. Frankfurt/Main 1987, 36-58.
GINZBURG, N. 1983: Mein Familienlexikon. Frankfurt/Main.
GLASS, G. 1994: Vorwurf: Kindesmißbrauch. Tagebuch eines Alptraumes. Düsseldorf.
GLÖER, N./SCHMIDESKAMP-BÖHLER, I. 1990: Verlorene Kindheit: Jungen als Opfer sexueller Gewalt. München.
GLÖER, N./SCHMIDESKAMP-BÖHLER, I.: „Das glaubt mir doch keiner ...". Sexuelle Gewalt gegen Jungen. Freiburg/Brsg. o.J.
GOLLUCH, N./KOCHAN, S. 1985: Das fröhliche Kinderhasser-Buch. Frankfurt/Main.
GOODE, W.J. 1975: Gewalt und Gewalttätigkeit in der Familie. In: BAST, H. et al. (Hg.), Gewalt gegen Kinder. Reinbek bei Hamburg 1975, 131-155.
GREFE, C./JERGER-BACHMANN, J. 1992: „Das blöde Ozon-Loch". Kinder und Umweltängste. München.
GRIES, S./VOIGT, D. 1989: Kindesmißhandlung in Deutschland. Geht die DDR einen Sonderweg? In: VOIGT, D. (Hrsg.), Qualifikationsprozesse und Arbeitssituation von Frauen in der Bundesrepublik und in der DDR. Berlin 1989, 41-76.
GRÜNDEWALD, G. 1988: „Bitte schaffen Sie die Atomwaffen ab!" - Kinder und Atomkriegsängste. In: CALLIESS, J./LOB, R.E. (Hg.), Handbuch Praxis der Umwelt- und Friedenserziehung Bd. 3: Friedenserziehung. Düsseldorf 1988, 478-487.
GSTETTNER, P. 1981: Die Eroberung des Kindes durch die Wissenschaft. Aus der Geschichte der Disziplinierung. Reinbek bei Hamburg.
GUTJAHR, K./SCHRADER, A. 1990: Sexueller Mädchenmißbrauch. Ursachen, Erscheinungen, Folgewirkungen und Interventionsmöglichkeiten. Köln.
HABERMAS, J. 1990: Gewaltmonopol, Rechtsbewußtsein und demokratischer Prozeß. Erste Eindrücke bei der Lektüre des „Endgutachtens" der Gewaltkommission. In: ALBRECHT, P.-A./BACKES, O. (Hg.), Verdeckte Gewalt. Plädoyers für eine „Innere Abrüstung". Frankfurt/Main 1990, 180-188.
HÄRTLING, P. 1986: Brief an meine Kinder. Stuttgart.
HÄSING, H./JANUS, L. 1994: Ungewollte Kinder. Annäherungen, Beispiele, Hilfen. Reinbek bei Hamburg.
HAFFNER, S. 1978: Gewalt in der Ehe. Berlin.
HAGEDORN, F. (Hrsg.) 1987: Kindsein ist kein Kinderspiel. Frankfurt/Main.
HANDKE, P. 1972: Wunschloses Unglück. Erzählung. Salzburg.
HANDKE, P. 1984: Kindergeschichte. Frankfurt/Main.
HARDACH-PINKE, I. 1993: Kindheit in Bewegung. Aus zwei Jahrhunderten deutscher Sozialgeschichte. In: Deutsches Jugendinstitut (Hg.), Was für Kinder. Aufwachsen in Deutschland. Ein Handbuch. München 1993, 35-42.
HARDACH-PINKE, I./HARDACH, G. (Hg.) 1978 a: Deutsche Kindheiten. Autobiographische Zeugnisse 1700-1900. Kronberg.
HARDACH-PINKE, I./HARDACH, G. 1978 b: Einer Sozialgeschichte der Kindheit entgegen. In: HARDACH-PINKE, I./HARDACH, G. (Hg.), Deutsche Kindheiten. Autobiographische Zeugnisse 1700-1900. Kronberg 1978, 9-15.
HARDACH-PINKE, I./HARDACH, G. (Hg.) 1981: Kinderalltag. Reinbek bei Hamburg.
HASSENSTEIN, B./HASSENSTEIN, H. 1978: Was Kindern zusteht. München.
HEER, H. 1983: Als ich neun Jahre alt war, kam der Krieg. Reinbek bei Hamburg.
HEGE, M./SCHWARZ, G. 1992: Gewalt gegen Kinder. Zur Vernetzung sozialer Unterstützungssysteme im Stadtteil. München.

HEIDE, C. 1981: Kind in Deutschland. Hamburg.
HEINSEN, E. 1982: Wie groß ist das Ausmaß an Gewalt gegen Kinder? Probleme mit Zählungen und Schätzungen zur Kindesmißhandlung. In: HONIG, M.-S. (Hrsg.), Kindesmißhandlung. München 1982, 96-126.
HELFER, R.E./KEMPE, C.H. (Hg.) 1978: Das geschlagene Kind. Frankfurt/Main.
HENNIG, E. 1989: Was leistet das Konzept der „strukturellen Gewalt"? In: HEITMEYER, W./MÖLLER, K./SÜNKER, H. (Hg.), Jugend, Staat, Gewalt. Politische Sozialisation von Jugendlichen, Jugendpolitik und politische Bildung. Weinheim, München 1989, 57-79.
HERMANN, K./GEBHARDT, H. 1980: Andi. Der beinahe zufällige Tod des Andreas Z. Hamburg.
HERZKA, H.S. 1989 a: Seelische Gewalt gegen Kinder. In: RETZLAFF, I. (Hrsg.), Gewalt gegen Kinder. Mißhandlung und sexueller Mißbrauch Minderjähriger. Neckarsulm 1989, 106-122.
HERZKA, H.S. 1989 b: Die neue Kindheit. Dialogische Entwicklung - autoritätskritische Erziehung. Basel.
HESSE, H. 1970: Unterm Rad. Frankfurt/Main.
HILKE, R./KEMPF, W. (Hg.) 1982: Aggression. Naturwissenschaftliche und kulturwissenschaftliche Perspektiven der Aggressionsforschung. Bern, Stuttgart, Berlin.
HILLE, B. 1980: Kindergesellschaft? Wie unsere Kinder aufwachsen. Köln.
HILPERT, K. 1996: Gewalt im Alltag: Wahrnehmung und Komplexität eines Phänomens. In: HILPERT, K. (Hrsg.), Die ganz alltägliche Gewalt. Eine interdisziplinäre Annäherung. Opladen 1996, 7-17.
HIRIGOYEN, M.-F. 2000^2: Die Masken der Niedertracht. Seelische Gewalt im Alltag und wie man sich dagegen wehren kann. München.
HOEHNE, R. 1993: Wie geht's den Kindern? Kind und Gesundheit. In: Deutsches Jugendinstitut (Hg.), Was für Kinder. Aufwachsen in Deutschland. Ein Handbuch. München 1993, 229-233.
HOFMANN, J. 1985: Anmerkungen zur begriffsgeschichtlichen Entwicklung des Gewaltbegriffs. In: SCHÖPF, A. (Hrsg.), Aggression und Gewalt. Anthropologisch-sozialwissenschaftliche Beiträge. Würzburg 1985, 259-272.
HOLT, J. 1978: Zum Teufel mit der Kindheit. Über die Bedürfnisse und Rechte von Kindern. Wetzlar.
HOLTMANN, E. 1991: Politik-Lexikon. München.
HONIG, M.-S. 1981: Der Mythos, daß eine glückliche Kindheit machbar ist. In: päd. extra sozialarbeit 5, 1981, 7/8, 30-35.
HONIG, M.-S. (Hrsg.) 1982 a: Kindesmißhandlung. München.
HONIG, M.-S. 1982 b: Was tun Jugendämter in Fällen von Kindesmißhandlung? Ergebnisse einer Umfrage. In: HONIG, M.-S. (Hrsg.), Kindesmißhandlung. München 1982, 127-170.
HONIG, M.-S. 1988: Vom alltäglichen Übel zum Unrecht. Über den Bedeutungswandel familialer Gewalt. In: Deutsches Jugendinstitut (Hg.), Wie geht's der Familie? Ein Handbuch zur Situation der Familie heute. München 1988, 189-202.
HONIG, M.-S. 1990 a: Kinderfeindlich? Kinderfreundlich? Schwierigkeiten bei dem Versuch, sich ein Bild von der sozialen Lage der Kinder in der Bundesrepublik zu machen. In: Diskurs 0/90, München 1990, 57-61.
HONIG, M.-S. 1990 b: Kindheit in der Bundesrepublik Deutschland. Zum Stand der Kindheitsforschung - Kindheit als „Entwicklungstatsache" und „Erziehungstatsache". In: Blätter der Wohlfahrtspflege 137, 1990, 4, 95-97.
HONIG, M.-S. 1990 c: Gewalt in der Familie. In: SCHWIND, H.-D./BAUMANN, J. (Hg.), Ursachen, Prävention und Kontrolle von Gewalt. Analysen und Vorschläge der Unab-

hängigen Regierungskommission zur Verhinderung und Bekämpfung von Gewalt (Gewaltkommission). Bd. III: Sondergutachten. Berlin 1990, 343-361.
HONIG, M.-S. 1992: Verhäuslichte Gewalt. Frankfurt/Main.
HOPF, A./HOPF, A. (Hg.) 1986: Geliebtes Kind. Elternbriefe aus zwölf Jahrhunderten. Ismaning.
HOPF, A./HOPF, A. (Hg.) 1987: Geliebte Eltern. Kinderbriefe aus zwölf Jahrhunderten. Ismaning.
HORN, K. 1967: Dressur oder Erziehung. Schlagrituale und ihre gesellschaftliche Funktion. Frankfurt/Main.
HORN, K. 1973: Ohnmacht der Aggressionsforschung. In: Bild der Wissenschaft 1973, 3, 341-348.
HORN, K. 1974: Die gesellschaftliche Produktion der Gewalt. In: RAMMSTEDT, O. (Hrsg.), Gewaltverhältnisse und die Ohnmacht der Kritik. Frankfurt/Main 1974, 59-106.
HORN, K. 1978: Gewalt und Aggression. In: RÖTTGERS, K./SANER, E. (Hg.), Gewalt. Grundlagenprobleme in der Diskussion der Gewaltphänomene. Basel 1978, 33-49.
HORN, K. 1979: Wissenschaft und Gewalt. In: psychologie heute (6) 1979, 7, 30-39.
HORN, K. 1982: Was macht das Subjekt der Erfahrungswissenschaften mit sich selbst? Einige Vorfeldprobleme psychologischer Aggressions- und Gewaltforschung. In: HILKE, R./KEMPF, W. (Hg.), Aggression. Bern 1982, 186-207.
HORN, K. 1985: Aggression und Gewalt. Vom gegenwärtigen Schicksal menschlicher Expressivität. In: SCHÖPF, A. (Hrsg.), Aggression und Gewalt. Würzburg 1985, 123-142.
HORNSTEIN, W. 1968: Vorwort zum Forschungsbericht von U. MENDE und H. KIRSCH, Beobachtungen zum Problem der Kindesmißhandlung. München 1968, 5 ff.
HORNSTEIN, W. 1996: Gewaltbereitschaft von Kindern und Jugendlichen. In: HILPERT, K. (Hrsg.), Die ganz alltägliche Gewalt. Eine interdisziplinäre Annäherung. Opladen 1996, 19-43.
HOWARD, F. 1988: Lilians Geheimnis. Wien.
HUBER, W. 1993: Die tägliche Gewalt. Gegen den Ausverkauf der Menschenwürde. Freiburg, Basel, Wien.
HURRELMANN, K. 1990: Gewalt in der Schule. In SCHWIND, H.-D./BAUMANN, J. (Hg.), Ursachen, Prävention und Kontrolle von Gewalt. Bd. III. Berlin 1990, 363-379.
JOHNS, I. 1993: Zeit alleine heilt nicht. Sexuelle Kindesmißhandlung - wie wir schützen und helfen können. Freiburg, Basel, Wien.
JUNGJOHANN, E. 1991: Kinder klagen an. Angst, Leid und Gewalt. Frankfurt/Main.
KAASE, M./NEIDHARDT, F. 1990: Politische Gewalt und Repression. Ergebnisse von Bevölkerungsumfragen. Berlin. Bd. IV der Unabhängigen Regierungskommission zur Verhinderung und Bekämpfung von Gewalt („Gewaltkommission"), hrsg. v. SCHWIND, H.-D./BAUMANN, J.
KAHL, R. 1987: Nee, erwachsen werden will ich nicht. Veränderungen im Verhältnis der Generationen. In: Kindheit ist nicht kinderleicht (hrsg. v. der Redaktion der Zeitschrift psychologie heute). Weinheim 1980, 11-35.
KAREDIG, A. 1990: Zieh dich schon mal aus, ich hol' inzwischen den Stock. Versuch einer Aufarbeitung. Frankfurt/Main.
Karin Q. 1978: „Wahnsinn, das ganze Leben ist Wahnsinn". Ein Schülertagebuch (hrsg. v. der Projektgruppe Jugendbüro). Frankfurt/Main.
KAVEMANN, B./LOHSTÖTER, I. 1984: „Väter als Täter". Sexuelle Gewalt gegen Mädchen. Reinbek bei Hamburg.
KAVEMANN, B./LOHSTÖTER, I. 1986: Sexuelle Gewalt gegen Mädchen in der Familie. In: FELDMANN-BANGE, G. (Hrsg.), Gewalt und Erziehung. Bonn 1986, 94-105.

KELLER, G.: Der grüne Heinrich. Roman. München 1987 (Nach der Textfassung der Ausgabe von 1853).
KEMPE, R.S./KEMPE, C.H. 1980: Kindesmißhandlung. Stuttgart.
KEY, E. 1978: Das Jahrhundert des Kindes. Königstein/Ts. (Original Berlin 1902).
KIELMANSEGG, P. 1978: Politikwissenschaft und Gewaltproblematik. In: GEISSLER, H. (Hrsg.), Der Weg in die Gewalt. Geistige und gesellschaftliche Ursachen des Terrorismus und seine Folgen. München, Wien 1978, 69-79.
Kinderschutz-Zentrum Berlin (Hg.) 1979: Forum Kindesmißhandlung. Prävention, Intervention, Nachsorge. Berlin.
KINTZER, I. 1986: Interventionsmaßnahmen - Prävention und Therapie. In: ENGFER, A., Kindesmißhandlung. Ursachen, Auswirkungen, Hilfen. Stuttgart 1986, 125-160.
Klein sein, groß werden 1987: Thema: Kinderpsychologie; hrsg. v. der Redaktion der Zeitschrift psychologie heute. Weinheim, Basel 1987.
KLOSINSKI, G. (Hrsg.) 1988: Psychotherapeutische Zugänge zum Kind und zum Jugendlichen. Bern.
KLOSINSKI, G. 1993: Aggressives Verhalten als Endstrecke eines bio-psycho-sozialen Prozesses. In: WEHLING, H.-H. (Red.), Aggression und Gewalt. Stuttgart, Berlin, Köln 1993, 24-36.
KNÖSEL, P. 1993: Die Rechtsstellung von Kindern/Jugendlichen im Rechtssystem der Bundesrepublik Deutschland. In: GRAESSNER, G./MAUNTEL, C./PÜTTBACH, E. (Hg.), Gefährdungen von Kindern. Opladen 1993, 147-177.
KNUTH, K.-H. 1975: Lebensgeschichte und Kindesmißhandlung. Bericht einer Mutter. In: BAST, H. et al. (Hg.), Gewalt gegen Kinder. Reinbek bei Hamburg 1975, 99-117.
KOCKA, J./JESSEN, R. 1990: Die abnehmende Gewaltsamkeit sozialer Proteste. Vom 18. zum 20. Jahrhundert. In: ALBRECHT, P.-A./BACKES, O. (Hg.), Verdeckte Gewalt. Plädoyers für eine „Innere Abrüstung". Frankfurt/Main 1990, 33-57.
KÖHLER, K. 1991: Kindesmißbrauch: Gewalt ver-rückt die Seele. Zur Rekonstruktion der Lebensgeschichte von psychisch Kranken. Wiesbaden.
KOERS, A.J. 1975: Kindesmißhandlung und Kinderschutz in den Niederlanden. In: BAST, H. et al. (Hg.), Gewalt gegen Kinder. Reinbek bei Hamburg 1975, 298-313.
KOERS, A.J. 1980: Psychodynamische und therapeutische Aspekte bei Kindesmißhandlung. In: Kinderschutz-Zentrum Berlin (Hg.), Forum Kindesmißhandlung. Berlin 1980, 97-101.
KOERS, A.J. 1982: Wege der Hilfe bei Kindesmißhandlung. In: BERNECKER, A. et al. (Hg.), Ohnmächtige Gewalt. Reinbek bei Hamburg 1982, 123-151.
KOERS, A.J. 1983: Gewalt gegen Kinder. Mißhandlung und Vernachlässigung. In: PERNHAUPT, G. (Hrsg.), Gewalt am Kind. Wien 1983, 174-192.
KRÜGER, H.-H./MAROTZKI, W. (Hg.) 1995: Erziehungswissenschaftliche Biographieforschung. Opladen.
KÜHN, F. 1990: Es fing ganz harmlos an. Freiburg, Basel, Wien.
KÜRBISCH, F.G. (Hrsg.) 1983: Wir lebten nie wie Kinder. Ein Lesebuch. Bonn.
KULESSA, H. (Hrsg.) 1987: „Tagebuch eines halbwüchsigen Mädchens". Frankfurt/Main.
KUPFFER, H. 1980: Erziehung - Angriff auf die Freiheit. Weinheim.
KUPFFER, H. 1983: Der Gedanke des Kinderschutzes in der ersten Hälfte des zwanzigsten Jahrhunderts - ein historischer Rückblick. In: Deutscher Kinderschutzbund (Hg.), Schützt Kinder vor Gewalt. Weinheim, Basel 1983, 25-36.
LAPPESSEN, K. 1991: Was ist mit Anna? München.
LEIDECKER, G./KIRCHHÖFER, D./GÜTTLER, P. (Hg.) 1991: Ich weiß nicht, ob ich froh sein soll. Kinder erleben die Wende. Stuttgart.
LEMPP, R. 1983: Kinder unerwünscht. Anmerkungen eines Kinderpsychiaters. Zürich.

LEMPP, R. 1992: Vorwort zu K.-H. LINDEMANN, „Der wird ein Leben lang sicher untergebracht sein müssen". In: Neue Praxis 5, 1992, 438 f.
LESSING, H. (Hrsg.) 1984: Kriegskinder. Betroffene Kinder aus dem Zweiten Weltkrieg erzählen. Frankfurt/Main.
LEVETZOW, G. von 1934: Die seelische Kindermißhandlung. Phil. Diss. Heidelberg 1934.
LIEDHOFF, J. 1982: Auf der Suche nach dem verlorenen Glück. Gegen die Zerstörung unserer Glücksfähigkeit in der frühen Kindheit. München.
LIEGLE, L. 1987: Welten der Kindheit und Familie. Beiträge zu einer pädagogischen und kulturvergleichenden Sozialisationsforschung. Weinheim, München.
LINDEMANN, K.-H. 1992: „Der wird sein Leben lang sicher untergebracht sein müssen". Der ungewöhnliche Fall Thomas Wagner - eine Kette von falschen Einschätzungen, fehlgeschlagenen Hilfemaßnahmen und eine unerwartete Lösung. In: Neue Praxis 3, 1992, 220-240.
LIPPERT, E./WACHTLER, G. (Hg.) 1988: Frieden. Ein Handwörterbuch (Studienbücher zur Sozialwissenschaft Bd. 47). Opladen.
LÖSEL, F./SELG, H./SCHNEIDER, U./MÜLLER-LUCKMANN, E. 1990: Gutachten der Unterkommission I, Psychologie. In: SCHWIND, H.-D./BAUMANN, J. (Hg.), Ursachen, Prävention und Kontrolle von Gewalt. Bd. II. Berlin 1990, 1-156.
LÜDTKE, A. 1983: Gewalt im Alltag: Herrschaft, Leiden, „Körpersprache"? Formen direkter und „sanfter" Gewalt in der bürgerlichen Gesellschaft. In: CALLIESS, J. (Hrsg.), Gewalt in der Geschichte. Düsseldorf 1983, 271-295.
LUTTER, H. 1992: „Ein Klaps hat noch keinem geschadet". Gewalt gegen Kinder in Familien. In: Jugend & Gesellschaft 1993, 4/5, 14-16.
LYNCH, M.A. 1989: Symptomatik bei körperlicher und emotioneller Mißhandlung und Vernachlässigung. In: OLBING, H./BACHMANN, K.D./GROSS, R. (Hg.), Kindesmißhandlung. Eine Orientierung für Ärzte, Juristen, Sozial- und Erzieherberufe. Köln 1989, 59-64.
MAIER, E. 1987: Woran Kinder und Jugendliche krank werden. In: CARLHOFF, H.-W./WITTEMANN, P. (Hg.), Jugend und Gesundheit. Stuttgart 1987, 14-32.
MALLETT, C.-H. 1990^2: Untertan Kind. Nachforschungen über Erziehung. Frankfurt/Main, Berlin.
MANTELL, D.M. 1988: Familie und Aggression. Zur Einübung von Gewalt und Gewaltlosigkeit. Frankfurt/Main (Original 1972).
MARKEFKA, M. 1993: Kinder: Objekte der Politik. In: MARKEFKA, M./NAUCK, B. (Hg.), Handbuch der Kindheitsforschung. Neuwied, Kriftel, Berlin 1993, 511-523.
MARTINIUS, J. 1989: Persönlichkeitsentwicklung mißhandelter Kinder. In: RETZLAFF, I. (Hrsg.), Gewalt gegen Kinder. Mißhandlung und sexueller Mißbrauch Minderjähriger. Neckarsulm 1989, 92-99.
MARTINIUS, J./FRANK, R. (Hg.) 1990: Vernachlässigung, Mißbrauch und Mißhandlung von Kindern. Erkennen, Bewußtmachen, Helfen. Bern, Stuttgart, Toronto.
McGHEE, C. 1984: Kindesmißhandlung und Kinderschutz. Ein amerikanischer Blick auf Verhältnisse in der Bundesrepublik Deutschland. In: BÜTTNER, C./ENDE, A. (Hg.), Kinderleben in Geschichte und Gegenwart. Weinheim, Basel 1984, 237-252.
MEBES, M./SANDROCKH, L. 1988: Kein Küßchen auf Kommando. Ein Bilder-Malbuch. Berlin.
MECKEL, C. 1979: Suchbild. Über meinen Vater. Düsseldorf.
MEINERZHAGEN, M. (Hrsg.) 1988: Bäume und Vögel gibt es nicht mehr. Kinder schreiben über ihre Zukunft. Hamburg.
MEINHOF, U.M. 1968: Jürgen Bartsch und die Gesellschaft. In: MEINHOF, U.M., Die Würde des Menschen ist antastbar. Berlin 1980, 112-116 (Original Konkret 1/68).

MELZER, W./SÜNKER, H. (Hg.) 1989: Wohl und Wehe der Kinder. Pädagogische Vermittlungen von Kindheitstheorie, Kinderleben und gesellschaftlichen Kindheitsbildern. Weinheim, München.
MENDE, U./KIRSCH, H. 1968: Beobachtungen zum Problem der Kindesmißhandlung. München.
MERTENS, F. 1984: Ich wollte Liebe und lernte hassen. Zürich.
MERTENS, F. 1985: Auch du stirbst einsamer Wolf. Ein Bericht. Zürich.
MERZ, H. 1988: Die verborgene Wirklichkeit. Geschichte einer Verstörung. Frankfurt/Main.
MEVES, C. 1987: Mut zum Erziehen. Seelische Gesundheit - wie können wir sie unseren Kindern vermitteln? Freiburg/Brsg.
MEYER, E. (Hrsg.) 1982: Kinder und Jugendliche in seelischer Not. Möglichkeiten der pädagogischen und therapeutischen Intervention durch Lehrer, Eltern und Erzieher. Braunschweig.
MEYERs Enzyklopädisches Lexikon 1980: Bd. 31. Mannheim, Wien, Zürich.
MEYERs Großes Universal-Lexikon 1982: Bd. 5. Mannheim, Wien, Zürich 1982.
MILGRAM, S. 1982: Das Milgram-Experiment. Zur Gehorsamsbereitschaft gegenüber Autorität. Reinbek bei Hamburg (Original 1974).
MILLER, A. 1979: Das Drama des begabten Kindes und die Suche nach dem wahren Selbst. Frankfurt/Main.
MILLER, A. 1980: Am Anfang war Erziehung. Frankfurt/Main.
MILLER, A. 1981: Du sollst nicht merken. Variationen über das Paradies-Thema. Frankfurt/Main.
MILLER, A. 1985 a: Bilder einer Kindheit. Frankfurt/Main.
MILLER, A. 1988 b: Das verbannte Wissen. Frankfurt/Main.
MILLER, A. 1990: Abbruch der Schweigemauer. Frankfurt/Main.
MOGEL, H. 1984: Ökopsychologie. Eine Einführung. Stuttgart.
MOGGACH, D. 1985: „Rot vor Scham". Geschichte einer zerstörten Unschuld. Reinbek bei Hamburg.
MOOR, P. 1972: Das Selbstportrait des Jürgen Bartsch. Reinbek bei Hamburg.
MOOR, P. 1991: Jürgen Bartsch: Opfer und Täter. Das Selbstbildnis eines Kindermörders in Briefen. Reinbek bei Hamburg.
MORRIS, M. 1988: Diesmal überlebe ich. Berlin.
MORRISON, T. 1979: Sehr blaue Augen. Reinbek bei Hamburg.
MÜLLER-THURAU, C.P. 1986: „Jetzt will ich Dir eine Geschichte erzählen ...". Unbefugte Bemerkungen zur Erziehung. Berlin, Frankfurt/Main.
Mut zum Träumen 1987: Wie Kinder sich ihre Zukunft vorstellen - gemalt und geschrieben für den WDR-Wettbewerb (hrsg. v. R. HORBELT im Auftrag des Westdeutschen Rundfunks). Frankfurt/Main.
NARR, W.-D. 1974: Gewalt und Legitimität. In: RAMMSTEDT, O. (Hrsg.), Gewaltverhältnisse und die Ohnmacht der Kritik. Frankfurt/Main 1974, 9-58.
NARR, W.-D. 1983: Über Notwendigkeit und Möglichkeiten, Gewalt zu bewerten. In: CALLIESS, J. (Hrsg.), Gewalt in der Geschichte. Düsseldorf 1983, 37-72.
NARR, W.-D. 1987: Gesellschaftliche Konflikte: Ungerechtigkeit, Ausbeutung, Unterdrükkung. In: CALLIESS, J./LOB, R.E. (Hg.), Handbuch Praxis der Umwelt- und Friedenserziehung. Bd. 1: Grundlagen. Düsseldorf 1987, 364-373.
NARR, W.-D. 1988: Gewalt. In: LIPPERT, E./WACHTLER, G. (Hg.), Frieden. Ein Handwörterbuch. Opladen 1988, 158-175.
NARR, W.-D. 1990: Staatsgewalt und friedsame Gesellschaft. Einige Notizen zu ihrem Verhältnis in der Bundesrepublik. In: ALBRECHT, P.-A./BACKES, O. (Hg.), Verdeckte Gewalt. Plädoyers für eine „Innere Abrüstung". Frankfurt/Main 1990, 58-73.

NAWRATH, C. 1990: Tätigkeit und Bedeutung der Frauenhäuser in der Bundesrepublik Deutschland. In: Deutsche Richterakademie Trier (Hg.), Gewalt an Frauen - Gewalt in der Familie. Heidelberg 1990, 95-102.
NEIDHARDT, F. 1973: Aggressivität und Gewalt in der modernen Gesellschaft. In: NEIDHARDT, F./SACK, F./WÜRTENBERGER, T./LÜSCHER, K./THIERSCH, H./COLLATZ, K.-G., Aggressivität und Gewalt in unserer Gesellschaft. München 1973, 15-37.
NEIDHARDT, F. 1979: Aggressivität und Gewalt in der modernen Gesellschaft. In: SPÄTH, B. (Hrsg.), Aggressivität und Erziehung. München, Zürich 1979, 64-74.
NEIDHARDT, F. 1986: Gewalt. Soziale Bedeutungen und sozialwissenschaftliche Bestimmung des Begriffs. In: „Was ist Gewalt?" Auseinandersetzungen mit einem Begriff; hrsg. v. Bundeskriminalamt. Bd. 1. Wiesbaden 1986, 109-147.
NICKLAS, H. 1984: Erziehung zum Ekel vor Gewalt. Überlegungen zur Frage der Affektkontrolle in der Friedenserziehung. In: STEINWEG, R. (Red.), Vom Krieg der Erwachsenen gegen die Kinder. Möglichkeiten der Friedenserziehung. Frankfurt/Main 1984, 239-250.
NICKLAS, H. 1988: Friedensfähigkeit als Ziel von Erziehung und Bildung. Begründungszusammenhänge und Lernziele. In: CALLIESS, J./LOB, R.E. (Hg.), Handbuch Praxis der Umwelt- und Friedenserziehung. Bd. 3: Friedenserziehung. Düsseldorf 1988, 24-31.
NISSEN, G. 1986[2]: Psychische Störungen im Kindes- und Jugendalter. Ein Grundriß der Kinder- und Jugendpsychiatrie. Berlin, Heidelberg, New York, Tokio.
NITSCH, K. 1983: „Gewaltlose Erziehung". In: PERNHAUPT, G. (Hrsg.), Gewalt am Kind. Wien 1983, 92-97.
NYSSEN, F. 1989: Lieben Eltern ihre Kinder? Quellendiskussion zur Geschichte der Kindheit. Frankfurt/Main, Bern, New York, Paris.
OELKERS, J./LEHMANN, T. 1983: Antipädagogik. Herausforderung und Kritik. Braunschweig.
O'NEILL, E. 1989: Eines langen Tages Reise in die Nacht. Schauspiel in vier Akten (1960). Frankfurt/Main.
OSTERMEYER, H. 1976: Das Kind im Recht. In: BRAUNMÜHL, E. et al., Die Gleichberechtigung des Kindes. Frankfurt/Main 1976, 57-109.
OSTERMEYER, H. 1981: Gewalt gegen Kinder. In: Vorgänge (53) 1981, 20, 85-88.
OTTO, H.-U./THIERSCH, H. (Hg.) 2001[2]: Handbuch Sozialarbeit/Sozialpädagogik. Neuwied, Kriftel.
PAPCKE, S. 1983: Formen und Funktionen von Gewalt in historischer und systematischer Perspektive. In: CALLIESS, J. (Hrsg.), Gewalt in der Geschichte. Düsseldorf 1983, 19-36.
PAPESCH, W. 1993: Wenn Kinder zu(rück)schlagen. Vom Kreislauf der Gewalt in Familie, Schule und Gesellschaft. Bühl.
Peace Bird (Hg.) 1989: Kinder für den Frieden. München.
PENTHIN, R. 2001: Warum ist mein Kind so aggressiv? Ursachen erkennen - sicher reagieren, verständnisvoll handeln. Berlin.
PERNHAUPT, G. 1983 a: Fehlerziehung als Ursache psychosozialer Schädigung. In: PERNHAUPT, G. (Hrsg.), Gewalt am Kind. Wien 1983, 58-67.
PERNHAUPT, G. 1983 b: Die Quellen der Gewalt. Von der Geburt bis ins Erwachsenenalter. In: PERNHAUPT, G. (Hrsg.), Gewalt am Kind. Wien 1983, 227-231.
PERNHAUPT, G./CZERMAK, H. 1980: Die gesunde Ohrfeige macht krank. Über die alltägliche Gewalt im Umgang mit Kindern. Wien.
PETRI, H. 1989: Erziehungsgewalt. Zum Verhältnis von persönlicher und gesellschaftlicher Gewaltausübung in der Erziehung. Frankfurt/Main.
PETRI, H. 1992[2]: Umweltzerstörung und die seelische Entwicklung unserer Kinder. Zürich.

PETRI, H./LAUTERBACH, M. 1975: Gewalt in der Erziehung. Plädoyer zur Abschaffung der Prügelstrafe. Frankfurt/Main.
PFOHL, S.J. 1983: Die „Entdeckung" der Kindesmißhandlung. In: STALLBERG, F.W./SPRINGER, W. (Hg.), Soziale Probleme. Grundlegende Beiträge zu ihrer Theorie und Analyse. Darmstadt, Neuwied 1983, 151-167.
PILZ, G.A. 1982: Wandlungen der Gewalt im Sport. Eine entwicklungssoziologische Analyse unter besonderer Berücksichtigung des Frauensports. Ahrensburg bei Hamburg.
PILZ, G.A. 1992: Gewalt. In: ASANGER, R./WENNINGER, G. (Hg.), Handwörterbuch der Psychologie. Weinheim 1992, 261-264.
PIONTEK, M. 1990: Mißbraucht. Meine verratene Kindheit. Frankfurt/Main.
PIZZEY, E. 1978: Schrei leise. Mißhandlungen in der Familie. Frankfurt/Main.
PLATEN, H. 1988: Kindsmord. Der Fall Weimar. Berlin.
PLATH, S. 1975: Briefe nach Hause. München.
PLATH, S. 1978: Die Glasglocke. Frankfurt/Main.
PRAMM, H. 1980: Sexuelle Delikte an Kindern. In: Kindheit ist nicht kinderleicht (hrsg. v. der Redaktion der Zeitschrift psychologie heute). Weinheim 1980, 121-126.
PRESTIEN, H.-C. 1983: Die Bundesrepublik Deutschland - ein sozialer Rechtsstaat für Erwachsene. In: Deutscher Kinderschutzbund (Hg.), Schützt Kinder vor Gewalt. Weinheim 1983, 116-125.
PREUSS-LAUSITZ, U. et al. (Hg.) 1983: Kriegskinder, Konsumkinder, Krisenkinder. Zur Sozialisationsgeschichte seit dem Zweiten Weltkrieg. Weinheim 1983.
PREUSS-LAUSITZ, U./RÜLCKER, T./ZEIHER, H. (Hg.) 1990: Selbständigkeit für Kinder - die große Freiheit? Kindheit zwischen pädagogischen Zugeständnissen und gesellschaftlichen Zumutungen. Weinheim, Basel.
RADBILL, S.X. 1978: Mißhandlung und Kindestötung in der Geschichte. In: HELFER, R.E./KEMPE, C.H. (Hg.), Das geschlagene Kind. Frankfurt/Main 1978, 37-65.
RAMMSTEDT, O. (Hrsg.) 1974 a: Gewaltverhältnisse und die Ohnmacht der Kritik. Frankfurt/Main.
RAMMSTEDT, O. 1974 b: Gewalt und Hierarchie. In: RAMMSTEDT, O. (Hrsg.), Gewaltverhältnisse und die Ohnmacht der Kritik. Frankfurt/Main 1974, 132-156.
RAMMSTEDT, O. 1974 c: Zum Leiden an der Gewalt. In: RAMMSTEDT, O. (Hrsg.), Gewaltverhältnisse und die Ohnmacht der Kritik. Frankfurt/Main 1974, 235-254.
RAMMSTEDT, O. 1989: Wider ein individuums-orientiertes Gewaltverständnis. In: HEITMEYER, W./MÖLLER, K./SÜNKER, H. (Hg.), Jugend, Staat, Gewalt. Politische Sozialisation von Jugendlichen, Jugendpolitik und politische Bildung. Weinheim, München 1989, 47-56.
RASCH, W. 1984: Vorwort zu „Nachruf auf eine Bestie". In: FÖSTER, M. (Hrsg.), Jürgen Bartsch. Nachruf auf eine „Bestie". Dokumente, Bilder, Interviews. Das Buch zum Film. Essen 1984, 9-17.
RASCHKE, J. 1988[2]: Soziale Bewegungen. Ein historisch-systematischer Grundriß. Frankfurt/Main, New York.
RATHGEBER, R./MITLEGER, R. 1988: Wer hat das letzte Wort? Das Rechtsverhältnis zwischen Eltern und Kindern. In: Deutsches Jugendinstitut (Hg.), Wie geht's der Familie? Ein Handbuch zur Situation der Familie heute. München 1988, 425-434.
RAUCHFLEISCH, U. 1992: Allgegenwart von Gewalt. Göttingen.
RAUSCHENBERGER, H. (Hrsg.) 1988: „Durch die Kinder lernt man erst die Zeit begreifen". Über den Wandel von Erziehungsvorstellungen im 20. Jahrhundert. Frankfurt/Main.
RENSEN, B. 1992: Fürs Leben geschädigt. Sexueller Mißbrauch und seelische Verwahrlosung von Kindern. Stuttgart.

RETZLAFF, I. (Hrsg.) 1989: Gewalt gegen Kinder. Mißhandlung und sexueller Mißbrauch Minderjähriger. Neckarsulm.
RICHTER, H.-E. 1993: Aufwachsen in einer Gesellschaft mit Zukunftsängsten. Veränderungen des Verhältnisses zwischen Eltern und Kindern. In: Deutsches Jugendinstitut (Hg.), Was für Kinder. Aufwachsen in Deutschland. Ein Handbuch. München 1993, 172-179.
RIJNAARTS, J. 1988: Lots Töchter. Über den Vater-Tochter-Inzest. Düsseldorf.
ROCHEFORT, C. 1977: Kinder. München.
RÖTTGERS, K. 1974: Andeutungen zu einer Geschichte des Redens über die Gewalt. In: RAMMSTEDT, O. (Hrsg.), Gewaltverhältnisse und die Ohnmacht der Kritik. Frankfurt/Main 1974, 157-234.
RÖTTGERS, K./SANER, H. (Hg.) 1978: Gewalt. Grundlagenprobleme in der Diskussion der Gewaltphänomene. Basel.
ROLFF, H.G. 1982: Antipädagogik - oder warum man nicht nicht erziehen kann. In: betrifft erziehung (15) 1982, 11, 48-52.
ROLINSKI, K./EIBL-EIBESFELDT, I. (Hg.) 1990: Gewalt in unserer Gesellschaft. Gutachten für das Bayerische Staatsministerium des Innern. Berlin.
RUSCH, R. (Hrsg.) 1986: Mein Vater ist kein ausgebranntes Streichholz. Kinder schreiben über Arbeit. Darmstadt, Neuwied.
RUSCH, R. (Hrsg.) 1989: So soll die Welt nicht werden. Kinder schreiben über ihre Zukunft. Kevelaer.
RUSCH, R. (Hrsg.) 1993 a: Gewalt. Kinder schreiben über Erlebnisse, Ängste, Auswege. Frankfurt/Main.
RUSCH, R. (Hrsg.) 1993 b: Plötzlich ist alles ganz anders. Kinder schreiben über unser Land. München.
RUSH, F. 1982: Das bestgehütete Geheimnis: sexueller Mißbrauch. Berlin.
RUTSCHKY, K. (Hrsg.) 1977: Schwarze Pädagogik. Quellen zur Naturgeschichte der bürgerlichen Erziehung. Frankfurt/Main.
RUTSCHKY, K. (Hrsg.) 1983: Deutsche Kinderchronik. Wunsch- und Schreckensbilder aus vier Jahrhunderten. Köln.
RUTSCHKY, K. 1992: Erregte Aufklärung Kindesmißbrauch: Fakten und Fiktionen. Hamburg.
SADE, M. de 1990[12]: Justine oder Vom Mißgeschick der Tugend. Frankfurt/Main, Berlin.
SARTORIUS, W. (Hrsg.) 1979: „... auch wenn das Kind schon blau geschlagen ist". Aus der Arbeit der Beratungsstelle für Kinderschutzarbeit München. München.
SCHAIBLE-FINK, B. 1968: Das Delikt der körperlichen Kindesmißhandlung. Literatur, Statistik, Kasuistik. Hamburg.
SCHALLE, B./PFÜTZE, H./WOLFF, R. (Hg.) 1981: Schau unter jeden Stein. Merkwürdiges aus Kultur und Gesellschaft. Frankfurt/Main.
SCHATZMAN, M. 1978: Die Angst vor dem Vater. Reinbek bei Hamburg.
SCHERER, R. 1975: Das dressierte Kind. Sexualität und Erziehung: Über die Einführung der Unschuld. Berlin.
SCHEU, U. 1977: Wir werden nicht als Mädchen geboren - wir werden dazu gemacht. Zur frühkindlichen Erziehung in unserer Gesellschaft. Frankfurt/Main.
SCHNEIDER, G. 1992: Noch immer weint das Kind in mir. Eine Geschichte von Mißbrauch, Gewalt und neuer Hoffnung. Freiburg/Brsg.
SCHNEIDER, U. 1987: Körperliche Gewaltanwendung in der Familie. Notwendigkeit, Probleme und Möglichkeiten eines strafrechtlichen und strafverfahrensrechtlichen Schutzes. Berlin.
SCHNEIDER, U. 1990: Gewalt in der Familie. In: SCHWIND, H.-D./BAUMANN, J. (Hg.), Ursachen, Prävention und Kontrolle von Gewalt. Bd. III: Sondergutachten. Berlin 1990, 503-573.

SCHNEIDER, U. 1993: Gewalt in der Familie. In: WEHLING, H.-G. (Red.), Aggression und Gewalt. Stuttgart, Berlin, Köln 1993, 85-100.
SCHNEIDER, V. 1975: Rechtliche, terminologische und gerichtsmedizinische Aspekte zum Problem der Kindesmißhandlung und der Kindesvernachlässigung. In: Deutsches Ärzteblatt 1975, 11, 640 ff.
SCHOENEBECK, H. von 1980 a: Antipädagogik für Pädagogen. Freundschaft mit Kindern. In: BECK, J./BOEHNCKE, H. (Hg.), Jahrbuch für Lehrer 5. Reinbek bei Hamburg 1980, 42-50.
SCHOENEBECK, H. von 1980 b: Der Versuch ein kinderfreundlicher Lehrer zu sein. Ein Tagebuch. Frankfurt/Main.
SCHOENEBECK, H. von 1982 a: Unterstützen statt Erziehen. München.
SCHOENEBECK, H. von 1982 b: Botschaften des Zuhörens. Die Kommunikation von Person zu Person. Mühlheim.
SCHOENEBECK, H. von 1983: Antipädagogik-Forschung. Methode und Bericht der ersten Kinderrechts-Promotion. Mühlheim.
SCHOENEBECK, H. von 1985: Antipädagogik im Dialog. Eine Einführung in antipädagogisches Denken. Weinheim, Basel.
SCHÖPF, A. (Hrsg.) 1985: Aggression und Gewalt. Anthropologisch-sozialwissenschaftliche Beiträge. Würzburg.
SCHWIND, H.-D./BAUMANN, J. (Hg.) 1990: Ursachen, Prävention und Kontrolle von Gewalt. Analysen und Vorschläge der Unabhängigen Regierungskommission zur Verhinderung und Bekämpfung von Gewalt (Gewaltkommission). 4 Bde. Berlin.
SEBBAR, L. 1980: Gewalt an kleinen Mädchen. Naumburg/Elbenberg.
SENSEBUSCH, J./SENSEBUSCH, T. 1992: Gewalt in der Familie. „Spiegelbild" und/oder „Austragungsort" der Gewalt in der Gesellschaft? In: Jugend & Gesellschaft 4/5, 1992, 1-3.
SERENY, G. 1980: Ein Kind mordet. Der Fall Mary Bell. Frankfurt/Main.
SICHTERMANN, B. 1982: Vorsicht Kind. Eine Arbeitsplatzbeschreibung für Mütter, Väter und andere. Reinbek bei Hamburg.
SIEBENSCHÖN, L. 1988: Wenn du die Freiheit hast ... Die antiautoritäre Generation wird erwachsen. München.
SIEDER, R. 1987: Sozialgeschichte der Familie. Frankfurt/Main.
SOEFFNER, H.-G. 1989: Auslegung des Alltags - der Alltag der Auslegung. Zur wissenssoziologischen Konzeption einer sozialwissenschaftlichen Hermeneutik. Frankfurt/Main.
SÖLLE, D. 1994: Gewalt: Ich soll mich nicht gewöhnen. Düsseldorf.
SOMMER, B. 1995: Zum Bedeutungswandel von *Gewalt gegen Kinder*. Aspekte qualitativen Wandels des Phänomens *Gewalt gegen Kinder* als Problem sozialer Wirklichkeit. Phil. Diss. Univ. Marburg/Lahn.
SOMMER, B. 1996 a: Zum Bedeutungswandel von *Gewalt gegen Kinder*. Aspekte qualitativen Wandels des Phänomens *Gewalt gegen Kinder* als Problem sozialer Wirklichkeit. Egelsbach.
SOMMER, B. 1996 b: Anmerkungen zum aktuellen Forschungsstand über *psychische Gewalt gegen Kinder*. Subjektive Gewalterfahrungen und (auto-)biographische Literatur. In: Unsere Jugend (48), 1996, 7, 300-310.
SOMMER, B. 1998: Zur Konzeption eines Einführungsseminar *Gewalt gegen Kinder/Kindesmißhandlung*. Didaktische Überlegungen zur Seminarplanung an der Berufsakademie Villingen-Schwenningen, Fachbereich Sozialwesen. In: Unsere Jugend (50), 1998, 9, 414-420.
SOMMER, B. 2000 a: Zur Konzeption eines Einführungsseminars *Wissenschaftliches Arbeiten*. Didaktische Überlegungen zur Seminarplanung an der Berufsakademie Villingen-Schwenningen, Fachbereich Sozialwesen. In: Unsere Jugend (52) 2000, 7/8, 320-331.

SOMMER, B. 2000 b: *Gewalt gegen Kinder/Kindesmißhandlung.* Didaktische Überlegungen zu Konzeption, Durchführung und Auswertung von Einführungsveranstaltungen für Studenten der Sozialpädagogik. Egelsbach.
SOMMER, B. 2002: *Gewalt gegen Kinder/Kindesmißhandlung.* Grundlagen für Fortbildungsveranstaltungen und Selbststudium. Marburg/Lahn.
SOMMER, B./KUONATH, Chr. 2001: Biographie und Behinderung: Krankheit, Rehabilitation und Lebensgeschichte eines Jugendlichen in Selbstzeugnissen. Ein autobiographisch orientierter Forschungsansatz. Egelsbach.
SPANGENBERG, N. 1982: Gewalt in Familien. Ein Versuch über das „Böse". In: BERNECKER, A. et al. (Hg.), Ohnmächtige Gewalt. Reinbek bei Hamburg 1982, 93-108.
SPRING, J. 1988: Zu der Angst kommt noch die Scham. Die Geschichte einer sexuell mißbrauchten Tochter. München.
STAUDT, C. 1994: „LehrerInnen - nur Opfer oder auch Täter?" Ein Bericht aus der Schülerperspektive. In: Pädagogik (46) 1994, 3, 17-20.
STEELE, B./POLLOCK, C. 1978: Eine psychiatrische Untersuchung von Eltern, die Säuglinge und Kleinkinder mißhandelt haben. In: HELFER, R.E./KEMPE, C.H. (Hg.), Das geschlagene Kind. Frankfurt/Main 1978, 161-243.
STEENFATT, M. 1986: Nele - ein Mädchen ist nicht zu gebrauchen. Reinbek bei Hamburg.
STEINHAGE, R. 1989: Sexueller Mißbrauch an Mädchen. Ein Handbuch für Beratung und Therapie. Reinbek bei Hamburg.
STEINHAUSEN, H.-C. 1975: Sozialmedizinische Aspekte der körperlichen Kindesmißhandlung. In: BAST, H. et al. (Hg.), Gewalt gegen Kinder. Reinbek bei Hamburg 1975, 277-292.
STEINWEG, R. (Red.) 1983: Faszination der Gewalt. Frankfurt/Main.
STEINWEG, R. (Red.) 1984: Vom Krieg der Erwachsenen gegen die Kinder. Möglichkeiten der Friedenserziehung. Frankfurt/Main.
STETTBACHER, A. 1987: UN-ge-HÖRT. Tägliche Kinds-Mißhandlungen. Bern.
STRAUSS, E. 1900: Freund Hein. Eine Lebensgeschichte. Berlin.
STRECKER, D. 1989: Kinder müssen nicht verunglücken. Fellach-Oeffingen.
STROMBERGER, R. 1982: Tod eines Schülers. Wer ist schuld am Selbstmord von Claus Wagner? München.
STRUCK, P. 1994: Erziehung gegen Gewalt. Ein Buch gegen die Spirale von Aggression und Haß. Neuwied, Kriftel, Berlin.
STRUCK, P. 1995: Zuschlagen, Zerstören, Selbstzerstören. Wege aus der Spirale der Gewalt. Darmstadt.
SUDHÖLTER, K./BOYE, H. 1979: Welche Rechte haben Kinder und Jugendliche in der Bundesrepublik? In: DOORMANN, L. (Hrsg.), Kinder in der Bundesrepublik. Köln 1979, 66-73.
TALBERT, M. 1989: Das Messer aus Papier. Kevelaer.
THIERSCH, H./WERTHEIMER, J./GRUNWALD, K. (Hg.) 1994: „... überall in den Köpfen und Fäusten". Auf der Suche nach Ursachen und Konsequenzen von Gewalt. Darmstadt.
TIKKANEN, M. 1980: Wie vergewaltige ich einen Mann? Reinbek bei Hamburg.
TRAPPE, M./STELLER, P. 1982: Die gewalttätige Familie. Berlin.
TRÖMEL-PLÖTZ, S. (Hrsg.) 1984: Gewalt durch Sprache. Die Vergewaltigung von Frauen in Gesprächen. Frankfurt/Main.
TRUBE-BECKER, E. 1982: Gewalt gegen das Kind. Vernachlässigung, Mißhandlung, sexueller Mißbrauch und Tötung von Kindern. Heidelberg.
TRUBE-BECKER, E. 1987: Sexuelle Mißhandlung von Kindern - Soziologische Gesichtspunkte. In: Das öffentliche Gesundheitswesen 43, 1987, 5.

TRUBE-BECKER, E. 1989: Kindesmißhandlung als soziales Problem. In: RETZLAFF, I. (Hrsg.), Gewalt gegen Kinder. Neckarsulm 1989, 26-35.
TRUBE-BECKER, E. 1992: Mißbrauchte Kinder. Sexuelle Gewalt und wirtschaftliche Ausbeutung. Heidelberg.
ULICH, M./OBERHUEMER, P. 1993: Und sie machen sich ein Bild ... Familie aus der Sicht von Kindern. In: Deutsches Jugendinstitut (Hg.), Was für Kinder. Aufwachsen in Deutschland. Ein Handbuch. München 1993, 120-126.
VALERE, V. 1982: Das Haus der verrückten Kinder. Frankfurt/Main.
VALERE, V. 1989: Malika oder Komm mit in meinen Traum. München (Original 1979).
VOLLMERG, U. 1977: Gesellschaftliche Verhältnisse und individuelles Verhalten in der Aggressionsforschung. Eine kritische Bestandsaufnahme. In: STEINWEG, R. (Hrsg.), Friedensanalysen. Für Theorie und Praxis 5, Schwerpunkt Aggression. Frankfurt/Main 1977, 15-84.
VOSS, R. 1983: „... und dann reden sie nicht mehr mit uns". Gewaltförmige Lebensstrukturen und das Sorgentelefon für Kinder und Jugendliche des DKSB. In: Deutscher Kinderschutzbund (Hg.), Schützt Kinder vor Gewalt. Weinheim 1983, 138-146.
VOSSEBEIN, P. 1984: Tommy ... oder sonstwer. Fallstudie über eine Lebensgeschichte. In: BRINKMANN, W./HONIG, M.-S. (Hg.), Kinderschutz als sozialpolitische Praxis. München 1984, 198-213.
WACHTER, O. 1985: Heimlich ist mir unheimlich. Zürich, Köln.
WAHL, K. 1989: Die Modernisierungsfalle. Gesellschaft, Selbstbewußtsein und Gewalt. Frankfurt/Main.
WAHL, K. 1990: Studien über Gewalt in Familien. Gesellschaftliche Erfahrung, Selbstbewußtsein, Gewalttätigkeit. München.
WAHL, K./HONIG, M.-S./GRAVENHORST, L. 1982: Wissenschaftlichkeit und Interessen. Zur Herstellung subjektivitätsorientierter Sozialforschung. Frankfurt/Main.
WAHL, K./HONIG, M.-S./GRAVENHORST, L. 1985: Plurale Wirklichkeiten als Herausforderung an die Soziologie. Methodologische und forschungspraktische Überlegungen am Beispiel von „Gewalt in Familien". In: Soziale Welt. Sonderband 3. 1985, 391-412.
WAHLDEN, C. 2001: Kurzer Rock. Hamburg.
WALKER, A. 1984: Die Farbe lila. Reinbek bei Hamburg.
WALTER, J. (Hrsg.) 1989: Sexueller Mißbrauch im Kindesalter. Heidelberg.
WARD, C. 1978: Das Kind in der Stadt. Frankfurt/Main.
WASCHKUHN, A. 1985: Aggression und Gewalt im Lichte der Friedens- und Konfliktforschung. In: SCHÖPF, A. (Hrsg.), Aggression und Gewalt. Anthropologischsozialwissenschaftliche Beiträge. Würzburg 1985, 273-289.
WASSMO, H. 1984: Das Haus mit der blinden Glasveranda. München.
WASSMO, H. 1985: Der stumme Raum. München.
WASSMO, H. 1987: Gefühlloser Himmel. München.
WEHLING, H.-G. (Red.) 1993: Aggression und Gewalt. Stuttgart, Berlin, Köln.
WINKELS, C./NAWRATH, C. 1990: Kinder in Frauenhäusern. Eine empirische Untersuchung in Nordrhein-Westfalen. Düsseldorf.
WINKLER, M. 1982: Stichworte zur Antipädagogik. Stuttgart.
WINN, M. 1984: Kinder ohne Kindheit. Reinbek bei Hamburg.
WITTENHAGEN, U./WOLFF, R. 1980: Kindesmißhandlung - Kinderschutz. Broschüre hrsg. v. Bundesministerium für Jugend, Familie und Gesundheit. Bonn.
WÖLFEL-SCHRAMM, H. 1992: Das Schattenreich der Anti-Pädagogik. Prolegomena zu einer jeden zukünftigen Erziehungswissenschaft, die weder als Schwarze Pädagogik noch als Anti-Pädagogik wird auftreten können. Frankfurt/Main.
WOLFF, R. 1975 a: Kindesmißhandlung und ihre Ursachen. In: BAST, H. et al. (Hg.), Gewalt gegen Kinder. Reinbek bei Hamburg 1975, 13-45.

WOLFF, R. 1975 b: Unterrichtsplan für eine soziologische Anfänger-Übung zum Thema: Gewalt gegen Kinder - Kindesmißhandlung und ihre gesellschaftlichen Ursachen. In: BAST, H. et al. (Hg.), Gewalt gegen Kinder. Reinbek bei Hamburg 1975, 357-365.
WOLFF, R. 1981 a: Gesichtspunkte einer Theorie familialer Gewalt. In: SCHALLER, B./ PFÜTZE, H./WOLFF, R. (Hg.), Schau unter jeden Stein. Merkwürdiges aus Kultur und Gesellschaft. Frankfurt/Main 1981, 345-359.
WOLFF, R. 1981 b: Gewalt gegen Kinder ist nicht zu verbieten. Kindesmißhandlung als ethnopsychische Störung. In: päd. extra sozialarbeit (5) 1981, 9, 40-44.
WOLFF, R. 1981 c: Kindesmißhandlung/Kinderschutz. In: PETZOLD, H.-J./SPEICHERT, H. (Hg.), Handbuch pädagogischer und sozialpädagogischer Praxisbegriffe. Reinbek bei Hamburg 1981, 248-250.
WOLFF, R. 1982: Kindesmißhandlung als ethnopsychische Störung. In: BERNECKER, A. et al. (Hg.), Ohnmächtige Gewalt. Reinbek bei Hamburg 1982, 69-80.
WOLFF, R. 1983 a: Hilflose Gewaltkritik. 7 Thesen über die Erziehung zur Friedfertigkeit. In: Frieden - Anregungen für den Ernstfall. Sonderheft 1983 der pädagogischen Zeitschriften des Friedrich-Verlages. Seelze.
WOLFF, R. 1983 b: Kindesmißhandlung - Wie können wir helfen? In: FALTERMEIER, J./ SENGLING, D. (Hg.), Wenn Kinder und Jugendliche an ihren Lebenswelten scheitern. Frankfurt/Main 1983, 17-35.
WOLFF, R. 1986 a: Gewalt im Sozialisationsprozeß der Familie. In: WOLFF, R./ALBRECHT, H.-J./STRUNK, P., Gewalt gegen Kinder. Das Phänomen der Kindesmißhandlung aus sozialpsychologischer, kriminologischer und jugendpsychiatrischer Sicht. Freiburg/Brsg. 1986, 7-25.
WOLFF, R. 1986 b: Gewalt in der Familie. Zur Theorie und Empirie der Kindesmißhandlung. In: FELDMANN-BANGE, G./KRÜGER, K.-J. (Hg.), Gewalt und Erziehung. Bonn 1986, 71-80.
WOLFF, R. 1990: Das Doppelgesicht der Gewalt in Familien und Hilfesystemen. In: ALBRECHT, P.-A./BACKES, O. (Hg.), Verdeckte Gewalt. Plädoyers für eine „Innere Abrüstung". Frankfurt/Main 1990, 174-179.
WOLFF, R. 1992: Mitarbeit in der Endredaktion von Kindesmißhandlung. Erkennen und Helfen, hrsg. v. Bundesministerium für Familie und Senioren. Bonn.
ZDF (Hrsg.) 1991: „Ich kann nicht beschreiben, wie die Angst ist". Kinderbriefe für den Frieden. Niedernhausen/Ts.
ZENZ, G. 1979: Kindesmißhandlung und Kindesrechte. Frankfurt/Main.
ZIEGLER, F. 1990: Kinder als Opfer von Gewalt. Ursachen und Interventionsmöglichkeiten. Bern, Stuttgart, Toronto.
ZIMMER, K. 1979: Das einsame Kind. München.
ZINNECKER, J. 1979: Straßensozialisation. Versuch, einen unterschätzten Lernort zu thematisieren. In: Zeitschrift für Pädagogik 25, 1979, 727-746.
ZINNECKER, J. 1990: Kindheit, Jugend und soziokultureller Wandel in der Bundesrepublik Deutschland. Forschungsstand und begründete Annahmen über die Zukunft von Kindheit und Jugend. In: BÜCHNER, P./KRÜGER, H.-H./CHISHOLM, L. (Hg.), Kindheit und Jugend im interkulturellen Vergleich. Opladen 1990, 17-36.
ZORN, F. 1979: Mars. „Ich bin jung und reich und gebildet; und ich bin unglücklich, neurotisch und allein ...". Frankfurt/Main.
ZUBKE, F. 1981: Recht der Eltern - Recht des Kindes. In: NEUMANN, K. (Hrsg.), Kindsein. Göttingen 1981, 143-148.
ZÜRN, S. 1988: Gewalt gegen Frauen in Karlsruhe. Situationsbericht. Analyse, Maßnahmen (Im Auftrag der Frauenbeauftragten der Stadt Karlsruhe). Karlsruhe.

Stichwortverzeichnis

Aggressionsforschung 27, 28
alltägliche Gewalt 14, 48, 50, 51, 74, 102, 125, 126
Antipädagogik 58, 80, 82
autobiographische Zeugnisse 16, 17, 18, 21, 59, 61, 77, 78, 79, 83, 114, 116, 122, 123, 124, 127

Bedeutungswandel von *Gewalt gegen Kinder* 29
Begriffsbestimmung/Definitionsversuche 14, 21, 22, 24, 26, 27, 31, 35, 36, 37, 44, 45, 46, 48, 49, 50, 51, 54, 55, 72, 74, 102, 117, 119, 124, 125
Beurteilungskriterien von *Gewalt* 54, 56, 71, 73, 78, 79, 100, 103, 113, 117, 118, 121
biographische Forschung 59, 61, 77, 79, 127

Emotionale Gewalt 14, 65, 125, 126
emotionale Kindesmißhandlung 81
„Entgrenzung" des Gewaltbegriffs 45, 50, 125
Enttabuisierung 16, 45, 50, 80, 122, 127
Erklärungsmodelle 13, 39, 40, 41, 42, 46, 47, 48
Erziehung, Erziehungsmethode, Erziehungsstil 16, 21, 36, 37, 41, 43, 44, 47, 54, 55, 57, 58, 63, 64, 67, 70, 71, 72, 74, 75, 78, 79, 80, 81, 99, 100, 101, 102, 113, 115, 120, 122, 124, 127
Erziehungsgewalt 41

Familiale Gewalt 15, 16, 21, 40, 42, 43, 44, 45, 47, 49, 50, 60, 81, 95, 96, 108, 115, 118, 123, 124, 127
Frauenbewegung 16, 45, 47, 50, 80, 114, 123
Frauenhaus 16, 22, 47, 59, 80, 81, 113, 114, 122

Friedensbewegung 16, 47, 50, 80, 114, 123
Friedensforschung 27

Gesellschaftskritik 33, 47, 50, 80, 114
Gewaltforschung 15, 24, 26, 27, 33, 44, 46, 47, 53, 63, 66, 71, 118, 121, 124, 126
Gewaltfreiheit 102, 124
Gewaltförmigkeit 17, 21, 41, 95, 119
Gewalt gegen Frauen 16, 45, 47, 81, 101, 114, 123, 124
Gewalt in der Erziehung 114
Gewalt in der Familie 13, 45, 49, 104, 114
Gewaltkommission 13, 14
Gewalttätigkeit 17, 24, 25, 26, 41, 100, 103, 114, 119
Grundlagenforschung 54, 71
Grundlagenwissen 13, 69

Interdisziplinäre Gewaltforschung 117, 124

Kinderrechtsbewegung 58, 80, 82
Kinderschutzzentrum 16, 47, 59, 80, 81, 113, 114, 122
Kindesmißhandlung im engeren Sinne 36, 41
Kindesmißhandlung im weiteren Sinne 36, 41
Kindheit 15, 64, 70, 78, 83, 88, 100, 123, 127
„Klima" einer Gesellschaft 49, 79, 113, 126
körperliche Gewalt 13, 14, 15, 22, 51, 59, 60, 65, 99, 100, 101, 105, 106, 116, 120, 125
körperliche Kindesmißhandlung 81, 125
körperliche Mißhandlung 55, 57, 119
Kreislauf der Gewalt 15, 65, 127

Lebenswirklichkeit 16, 45, 77, 96, 100, 102, 107, 113, 125, 126

Multidimensionaler Erklärungsansatz 34, 40, 41, 42, 47, 48, 118

Neue Soziale Protestbewegungen 16, 44, 47, 50, 80, 81, 114, 119, 123

Ökologiebewegung 16, 47, 50, 80, 114, 123

Persönlichkeitsentwicklung 53, 120
Gewalt gegen Kinder als Problem sozialer Wirklichkeit 79, 113, 120, 122, 126
psychische Gewalt gegen Kinder 13, 14, 15, 17, 18, 19, 23, 24, 35, 51, 53, 54, 55, 57, 58, 59, 61, 63, 64, 66, 67, 68, 69, 70, 71, 72, 73, 74, 75, 77, 82, 101, 102, 116, 117, 118, 120, 121, 122, 125, 126, 127, 129

Seelische Gewalt 51, 58, 59, 106, 120
seelische Gewalt gegen Kinder 13, 58, 59, 61, 82, 106, 120, 121, 122, 123, 126
seelische Kindesmißhandlung 55, 81
Sensibilisierungsprozeß 16, 47, 77, 80, 113, 122
sexuelle Gewalt gegen Kinder 13, 120
sexueller Mißbrauch 16, 48, 57, 64, 66, 70
Skandalisierung 16, 45, 50, 80, 113, 122, 127
soziale Vererbung von Gewalt 127
strukturelle Gewalt 14, 23, 25, 27, 28, 30, 31, 32, 33, 40, 42, 44, 45, 50, 118

Tabuisierung 35
Tabu-Thema 66, 67, 72, 74
Typisierung, Typologisierung von Gewalt 27, 30, 117

Wiederentdeckung *familialer Gewalt* 16, 45, 81

Zivilisation, Zivilisationsprozeß, Zivilisationstheorie 34, 35, 79, 113, 122

Personenverzeichnis

ALBRECHT, P.-A. 14
ALLERT-WYBRANIETZ, K. 103
AMMON, G. 39

BACKES, O. 14
BACON, R. 16, 44
BÄRSCH, W. 63
BANGE, D. 47
BAST, H. 47
BAUMANN, J. 13, 14, 15
BEIDERWIEDEN, J. 119, 120
BERGMAN, I. 83, 95, 99, 114
BERGMANN, Chr. 54
BIERMANN, G. 81
BÖHM, J. 103
BOSCH, M. 78
BRAUNMÜHL, E. von 80, 82
BRINKMANN, W. 21, 42, 43
BRONFENBRENNER, U. 41
BRÜNDEL, H. 15
BRÜNINK, J. 40, 60
BUJOK-HOHENAUER, E. 38, 39, 40, 60
BUSKOTTE, A. 15, 51, 53, 56, 57, 58

CALLIESS, J. 27, 45
CARMEL, A. 95, 96, 99, 114
CLAASSEN, H. 40
COVITZ, J. 15, 51, 53

DEEGENER, G. 54
DOORMANN, L. 21
DUENSING, F. 54, 56, 61, 81

ELIAS, N. 27, 33, 34, 35, 44
ENDERS, U. 47
ENGFER, A. 15, 56, 59
ERNST, A. 16, 47, 51, 56, 59, 60, 80, 107, 112
ESSER, J. 48, 126

FICHTENKAMM, R. 77, 78
FLITNER, A. 80
FORSCHNER, M. 14, 22, 26, 60
FRINDTE, W. 23, 26
FUCHS, A. 23, 45
FUCHS, W. 77

GALTUNG, J. 26, 27, 30, 31, 32, 33, 40, 44
GELLES, R.J. 41
GLÖER, N. 47
GRAVENHORST, L. 77
GREVE, C. 102
GRIES, S. 43, 81

HARDACH-PINKE, I. 78, 83
HENNIG, E. 44
HERZKA, M.S. 15, 51, 53, 57, 58
HESSE, H. 82, 114
HIRIGOYEN, M.-F. 15, 51, 53, 57, 58
HOLTMANN, E. 14, 29, 30
HONIG, M.-S. 15, 16, 22, 23, 27, 44, 45, 47, 77, 80, 81
HORN, K. 28, 30, 34, 44
HORNSTEIN, W. 14
HUBER, W. 48, 126
HURRELMANN, K. 15

JERGER-BACHMANN, J. 102
JUNGJOHANN, E. 15, 16, 21, 47, 53, 80

KAASE, M. 23
KELLER, G. 82, 114
KEMPE, R.S. 79, 100
KIELMANSEGG, P. 45
KIRSCH, H. 40, 49
KLOSINSKI, G. 24
KOERS, A.J. 41
KRÜGER, H.-H. 77

KUPFFER, H. 80, 82

LAUTERBACH, M. 37, 38, 49
LEHMANN, T. 80
LEVETZOW, G. von 51, 54, 55, 82
LIPPERT, E. 30
LUTTER, H. 57
LYNCH, M.A. 43

MANTELL, D.M. 15
MAROTZKI, W. 77
MEINERZHAGEN, M. 103
MENDE, U. 40, 49
MILLER, A. 58, 82
MOGEL, H. 41

NARR, W.-D. 14, 24, 28, 30
NAWRATH, C. 47, 80
NEIDHARDT, F. 14, 22, 23, 24, 26, 33, 34, 45, 47, 60
NICKLAS, H. 16, 26, 27, 44, 47, 48, 80

OELKERS, J. 80
OSTERMEYER, H. 80, 82

PETRI, H. 21, 37, 38, 41, 48, 49, 102
PFOHL, S.J. 16, 44
PILZ, G.A. 28, 34, 35

RAMMSTEDT, O. 27
RASCHKE, J. 16, 43, 44, 47, 80
RAUCH, U. 40
RAUCHFLEISCH, U. 15, 48, 53, 58, 126
RÖTTGERS, K. 26, 27, 29
RUSCH, R. 47, 102, 103, 104, 105, 106
RUTSCHKY, K. 48

SANER, H. 27
SARTORIUS, W. 40
SCHMIDESKAMP-BÖHLER, I. 47
SCHNEIDER, G. 37
SCHNEIDER, U. 15, 21
SCHOENEBECK, H. von 80, 82
SCHÖPF, A. 27
SCHWIND, H.-D. 13, 14, 15
SOMMER, B. 62, 63, 75, 95, 99, 102, 113, 114, 121
STAMPFEL, S. 16, 47, 51, 56, 59, 60, 80, 107, 112
STEINWEG, R. 27
STRAUSS, E. 82, 114
STRECKER, D. 63

TRUBE-BECKER, E. 81

VOIGT, D. 43, 81
VOLLMERG, U. 33
VOSS, R. 21

WACHTLER, G. 30
WAHL, K. 77
WASCHKUHN, A. 33
WINDAUS, E. 119, 120
WINKELS, C. 47, 80
WINKLER, M. 80
WITTENHAGEN, U. 15, 21, 36, 46, 49, 51, 53, 119
WÖLFEL-SCHRAMM, H. 80
WOLFF, R. 15, 21, 35, 36, 40, 41, 46, 49, 51, 53, 119, 120

ZIEGLER, F. 41, 60

Angaben zu dem Verfasser

Bernd Sommer, Dr. phil., Diplom-Pädagoge mit dem Schwerpunkt Heil- und Sonderpädagogik, nach langjähriger Mitarbeit in einem Neurologischen Rehabilitationszentrum für hirngeschädigte Kinder, Jugendliche und junge Erwachsene hauptamtliche Leitung des Fernstudienzentrums Villingen-Schwenningen für Studierende der FernUniversität Hagen, Mentorentätigkeit für Erziehungswissenschaften an der FernUniversität Hagen, Lehrbeauftragter an der Berufsakademie Villingen-Schwenningen, Fachbereiche Sozialwesen und Sozialwirtschaft, Mitarbeiter in einer psychosozialen Beratungsstelle für Kinder, Jugendliche und Erwachsene.
Seine Arbeits-, Lehr- und Forschungsschwerpunkte liegen in, einschlägige Veröffentlichungen stammen aus den Themenbereichen *Wissenschaftliches Arbeiten, Gewalt gegen Kinder/Kindesmißhandlung, Biographie und Behinderung, Pädagogik und Neurologische Rehabilitation, Didaktik in der außerschulischen Pädagogik, Didaktik und Methodik der Erwachsenenbildung*.
Darüber hinaus bemüht er sich um die qualitative Aufwertung didaktischer Frage- und Problemstellungen sowie um die Betonung des Stellenwertes der wissenschaftlichen Ausbildung als zentraler Aufgabenbereich der akademischen und nicht-akademischen Lehre.

Der Verfasser ist dankbar für Rückmeldungen, kritische Anmerkungen und interessierte Anfragen der Leser/innen, die an die folgende Anschrift gerichtet werden können:

Dr. Bernd Sommer
Fernstudienzentrum Villingen-Schwenningen
für Studierende der FernUniversität Hagen
Frühlingshalde 85
78056 VS-Schwenningen
Tel. 07720-956655
Fax. 07720-956656
e-mail: stz-vs@fernuni-hagen.de

www.ingramcontent.com/pod-product-compliance
Lightning Source LLC
Chambersburg PA
CBHW020125010526
44115CB00008B/977